少年追梦记

王瀚槿 ◎ 著

父母之爱子，则为之计深远
希望宝贝记住
虽然人生难事很多
可能余味苦涩，但终有回甘

中国旅游出版社

项目策划：段向民
责任编辑：张芸艳
责任印制：孙颖慧
封面设计：武爱听

图书在版编目（CIP）数据

少年追梦记/王瀚槿著. -- 北京：中国旅游出版社, 2022.4
ISBN 978-7-5032-6939-4

Ⅰ.①少… Ⅱ.①王… Ⅲ.①日记—小学—选集 Ⅳ.① H194.4

中国版本图书馆 CIP 数据核字 (2022) 第 054670 号

书　　名：	少年追梦记
作　　者：	王瀚槿
出版发行：	中国旅游出版社
	（北京静安东里 6 号　邮编：100028）
	http://www.cttp.net.cn　E-mail:cttp @ mct.gov.cn
	营销中心电话：010-57377108，010-57377109
	读者服务部电话：010-57377151
排　　版：	小武工作室
经　　销：	全国各地新华书店
印　　刷：	北京盛华达印刷科技有限公司
版　　次：	2022 年 4 月第 1 版　2022 年 4 月第 1 次印刷
开　　本：	787 毫米 ×1092 毫米　1/32
印　　张：	7.5
字　　数：	193 千
定　　价：	49.80 元
ISBN	978-7-5032-6939-4

版权所有　翻印必究
如发现质量问题，请直接与营销中心联系调换

皮皮的画家爷爷之感语

皮皮的姥姥、姥爷是我的三亚邻居,平时相处过程中我称呼他们"大姐"和"姐夫"。2020年春节后的一天,两人来到我家,面有难色地说,有一件事想求我帮忙。听他们讲完事情的原委后,我欣然答应了他们的请求。

事情是这样的:皮皮马上10岁了,他们两人本来已答应孩子一定回北京参加皮皮的10岁生日派对。可是因为突发的新冠肺炎疫情,订的机票被一次又一次地取消,计划好的行程已经不能如愿,给孩子的承诺也化为了泡影,二老爱孙子,又一贯守信,这下弄得他们不知所措,情绪很是糟糕。皮皮姥姥反应更甚,姥爷在劝解自己的同时还要做姥姥的情绪疏解工作,真怕把老伴急出病来。

皮皮是个喜欢文学和艺术的孩子,如果能隔空送给孙子一个有意义的礼物,不失为一个好主意。那送什么才能弥补眼前情感上的失落呢?姥爷想出了一个主意,那就是求画家爷爷给皮皮画一幅俏皮可爱的卡通小老虎的属相水墨画,皮皮他属虎肯定能喜欢!

我被他们爷孙之间的情感触动了,铺纸即画,一只小老虎扛着一支大毛笔的水墨画随笔拖出。皮皮的姥姥、姥爷被画感动了,一脸愁云被开心的笑颜慢慢化开,这幅画弥补了这次情感的失衡和缺失。

姥姥、姥爷乐了!皮皮乐了,而且说很喜欢这个特殊时期的特殊礼物!

听说皮皮要出书了，一个12岁的少年，已写了好多年的日记，每一篇都刻下了他的成长痕迹，一个人的日记，记的是好多人的鲜活故事，夹叙夹议地看着世界，从个人审美的角度见微知著，这是一个小作家的笔端，这也是积少成多的势头和姿态。

皮皮的成长及成绩，有父母人生导向之温暖，有姥姥姥爷及亲人关爱之温暖，有很多很多人的关怀鼓励而化成的动力，他必然会向着太阳而成长。我，今天也来了，为皮皮出的这本书画个封面，参与一下他的人生设计，一个少年往成年进发的脚步，这个旋律中，我用毛笔为皮皮敲打前进的节拍！

画家爷爷张汉忠写于三亚

2022年4月

寄语

父母之爱子，则为之计深远。宝贝，从你呱呱坠地之时，父母便开始了一生放不下的牵挂。但你最终是要离开我们去独立面对纷繁复杂的世界，面对残酷而现实的人生。

不论将来做什么，或是伟大或是平凡，最重要的都是生命的过程。我们从一年级开始就鼓励你写日记，为的就是让你懂得热爱和感恩，学会坚持和思考，勇于察己和检讨，从中体味成功的快乐。

虽然现在是一个看重成绩的时代，但相比于成绩，作为家长，爸爸妈妈更希望你从小就有所热爱。因为热爱对于人生成长来讲远远比成绩更重要。

让你每天写日记就是希望你记录下人生中每一刻的美好，让你记住每一朵花，每一处风景，每一个笑容。停下来，去学会欣赏美好的人生！生命就像一本很精彩的书，一定要细细翻阅它的每一章节，才能体味到它的个中滋味。而不是直接翻到最后，迫切地去知道结局。

让你每天写日记是为了让你体会什么是坚持、什么是成功。只有坚持才有可能成功。成功是一段旅程而非目的地，做的过程远比结果更重要。人生，也是如此。生命是一个过程，不是一个结果。

让你每天写日记就是让你知道察己比律人更重要，比起要求别人，爸爸妈妈更希望你常从自己身上找原因，学会理解和感恩而不是抱怨，抱怨解决不了问题，但感恩可以。改变别人改变不了现状，但改变自己可以。凡事从自己身上找原因，你才能成为更优秀的自己。

　　六年的日记，累积起来已经有了近百万字，爸爸妈妈为你的坚持感到自豪，为你的进步感到欣慰，在你十二岁之际，爸爸妈妈摘选出你日记中的部分内容，为你出版这本书作为生日礼物，是对你生日的祝福，也是对你的肯定。希望你记住：虽然人生难事很多，可能余味苦涩，但终有回甘。祝愿宝贝健康、平安、幸福，成为一个率真自我的男子汉。

　　在此衷心感谢对皮皮健康成长给予关爱呵护的亲人们、给予知识智慧的师长们和给予快乐伴随的伙伴们。

皮皮父母
2022 年 3 月

目录

遇见温暖

- 我喜欢的一个人 …………… 3
- 过生日的奶奶 ……………… 4
- 我和最美劳动者的一次对话 … 6
- 过生日的姥姥 ……………… 7
- 我的表妹豆豆 ……………… 8
- 温暖的哈尔滨一家人 ……… 10
- 老爸戒酒了 ………………… 11
- 姥姥、姥爷回哈尔滨之后的我 … 13
- 现在的我 …………………… 14
- 过生日的小谢谢和坤姥爷 … 16
- 同时过生日的母女 ………… 17
- 大厨老王 …………………… 19
- 好朋友和陌生人 …………… 20
- 爸爸做的玉米排骨汤 ……… 22
- 我眼中的张月叔叔 ………… 24
- 痛风的老爸 ………………… 25
- 我眼中的刘晓姥爷 ………… 27
- 我的弟弟、妹妹 …………… 28
- 访客李轩亭 ………………… 29
- 一位让我敬佩的老人 ……… 31
- 张祎晨的一家 ……………… 33

不负年少

- 游泳比赛 …………………… 37
- 打篮球 ……………………… 38
- VR、CS 初体验 …………… 40
- 运动的一天 ………………… 41
- 社团活动 …………………… 43
- 爸爸妈妈的结婚纪念日 …… 44
- 四星章评选 ………………… 45
- 感恩节 ……………………… 47
- 早餐 ………………………… 49
- 交通安全日 ………………… 50
- 天宫课堂 …………………… 52
- 野球初体验 ………………… 54
- 超市购物初体验 …………… 56
- 期待的新年诵诗会 ………… 58

新年诵诗会…… 60	我的公益活动…… 69
乐队…… 61	元宵节…… 71
冬锻总结…… 63	第一次现场听相声…… 72
一场比赛…… 64	科技馆活动…… 74
第一次专业游泳训练…… 66	姥爷的生日…… 75
聚会…… 67	

时光雕琢

令我不开心的一件事…… 79	我帮妈妈干活…… 107
期待的暑假…… 80	爸爸过生日了…… 109
我心中的美味佳肴…… 82	再见，跳绳…… 110
阿根廷夺冠…… 83	我受伤了…… 112
期末成绩…… 85	小概率事件…… 113
"小小志愿者"活动…… 87	惊险一刻…… 115
我的7月…… 89	居家观察…… 116
第一次做核酸检测…… 90	大错…… 118
世界大象日…… 92	中国第四金…… 119
我在吃的方面自觉又主动…… 93	这个寒假…… 121
喜欢的昨天…… 95	开学第一天…… 123
分饭风波…… 97	充满"2"的日子…… 124
接种新冠疫苗…… 98	游泳大课…… 126
家宴…… 100	开心的周末…… 128
我与羽毛球的故事…… 102	三好学生…… 130
我有一副别人羡慕的好体格… 104	全国爱耳日…… 131
我和老爸"救火"…… 105	冬残奥会开幕…… 133

四季风物

十个花坛 …………… 137	立冬 …………… 151
帅帅腿疼 …………… 138	不同的第五幼儿园 …………… 153
大暴雨 …………… 140	新大门 …………… 154
新卡丁车 …………… 141	礼物 …………… 156
"神狗"帅帅 …………… 143	水 …………… 157
小山竹,我想对你说 …………… 144	眼睛 …………… 158
前门大街的变化 …………… 146	羊驼 …………… 160
签名篮球 …………… 147	大寒日 …………… 161
我们家的动物伙伴 …………… 148	北京地铁 …………… 162

自有芬芳

我眼中的中国共产党 …………… 167	护虎 …………… 189
《长安客,欢迎您》 …………… 168	快乐 …………… 191
不守时、不诚信的严重后果… 170	好习惯 …………… 192
民以食为天 …………… 171	小王识途 …………… 194
《野性的呼唤》读后感 …………… 173	寒假生活的苦与乐 …………… 195
我眼中的《哈利·波特》 …… 174	见字如面 对话冬奥——写给中国
遇见夏加尔 …………… 176	代表团的一封信 …………… 197
跳绳启示 …………… 178	共青团,我想对您说 …………… 198
众人拾柴火焰高 …………… 179	我眼中的冬奥会 …………… 200
目标 …………… 181	学习计划和新学期愿景 …………… 204
我是"富二代" …………… 182	我与《熊出没》的故事 …………… 206
新年 …………… 184	诚实 …………… 207
感动 …………… 188	团队的力量 …………… 209

心有繁花

昨天的旅行……………… 213
爸爸妈妈的同学聚会……… 214
西安地铁………………… 215
西安游…………………… 217
兰州游…………………… 218
兰州游记………………… 220
银川游记………………… 221

哈尔滨九日游…………… 223
冬奥园一日游…………… 224
清水湾两日游…………… 226
我在三亚过大年………… 228
给三亚亲人的一封信…… 229
三亚之旅………………… 231

少年追梦记

遇见温暖

2021年6月24日

我喜欢的一个人

  在生活中，我会接触到各种各样的人，每个人都有自己的特点。我是一个喜欢踢足球的小男孩，在绿茵场上每个人都可以绽放出自己的特点。在我们班上，有另外一个人，他也喜欢奔跑在绿茵场上，我们一起在场上挥洒汗水，形影不离。他就是张溥博。

  张溥博，中等个子，让人一眼就能认出的是他那双大眼睛和那颗小痣。他是一个多才多艺的男孩。他令人佩服的两个技艺是唱京剧和踢足球。

  张溥博是我们足球校队中的一员，他也是球队的副队长，是大家的领袖。在绿茵场上，他始终以积极向上的心态去迎接每一场比赛。

  有一次，我们足球队进行队内比赛，我们被分到了一队。比赛之前，张溥博拼命为我们加油鼓劲，为我们最终取得这场比赛的胜利奠定了坚实的基础。一声哨响，比赛开始，对方开场就突破到我方禁区，不到一分钟就敲开了我们的球门。

  比赛还不到一分钟就落后了，队友士气大落。我心里想：算了吧，这场比赛已经没有胜算了。就在我们士气低落的时候，有一个声音传来："加油！绝对要赢下来！冲啊！"听到话音，我们回头望去，是张溥博。听了他的一番话，我们又重新打起精神。上半场结束，落后一球……

  下半场刚踢到一半，我终于把握住机会，把球稳稳踢入对方球门，1:1。我们大声欢呼，好不愉快。在比赛即将结束之前，为了赢得比赛的最终胜利，全队进攻。功夫不负有心人，一记漂亮的传球直塞禁区，队友及时赶到将球踢进，2:1，我们反超。就这样，我们完成了逆转，并最终取得了这场比赛的胜利。

虽然这只是一场队内教学比赛，但是，我一直记得比赛中张溥博为我们加油鼓劲的那句话。

2021年7月1日

过生日的奶奶

奶奶是我们家比较辛苦的人，退休之后的她每天要干许多事情，买菜、擦地……各种活儿都是奶奶来干。今天是一个特殊的日子，不仅是伟大母亲中国共产党的百岁华诞，而且是奶奶的七十大寿，感谢奶奶用自己的付出换来干净整洁的家；感谢奶奶用勤劳的双手任劳任怨地为全家做了三年饭。翻开家庭照片，我们的家庭是多么幸福，无意之间，我看见奶奶脸上的那一道道皱纹，今天，奶奶70岁了，身子骨也不太硬朗了，我要力所能及地帮助奶奶做一些事情。

奶奶在我们家可不是像照片上的那样，舒舒服服地坐在椅子上。自从范姨被辞退以后，奶奶每天都会去一次菜市场，拎一大筐做饭需要用的食材。如果需要的东西多，那么奶奶一天会去两三次也是有可能的。回家之后，奶奶还需要扫地、拖地。今天过生日的奶奶的脸上露出了格外开心的笑容，我想奶奶平常也就笑一会儿，今天怎么那么反常啊？就这样，我在心里画了一个大大的问号，我还发现奶奶的眼睛里闪出了激动的泪花，也许奶奶期待着呢！嘿嘿，我穿上小围裙，开始做打卤面。我的嘴里念念有词，打鸡蛋，切葱花，倒油，炒鸡蛋，出锅，炒切好的西红柿，放鸡蛋，加水出锅，放好调料很重要。按照以上几个步骤，我终于炒好了卤、煮好了面条，让大家开吃。面条端到奶奶面前，奶奶吃了一口，不停地鼓励我、夸奖我，看得出来过生日的奶奶是激动的。今年我给奶奶准备的礼物有这篇作文和礼金，还有一件新衣服，希望奶奶能够喜欢我送的礼物。

把自己通过努力换来的东西送给亲人，我觉得自己已经不是一个孩子了，我应该更努力、更听话。给奶奶过完生日，我有很多收获：别人对你好并不是必须的，我们应该懂得感恩。虽然我现在还不能出去赚钱，但是我可以用听话、优异的考试成绩和做自己力所能及的事情，来感恩对我关爱的家人。

今天是党的百岁诞辰，祝奶奶和党生日快乐！

2021年7月26日

我和最美劳动者的一次对话

有这样一群人，他们在努力工作，虽然我见不到张桂梅、钟南山、万佐成等最美劳动者，也不能与他们对话，但是我可以学习他们的精神。

我认为：人人都是最美劳动者……我的妈妈是一名消防救援人员，在几天前，我和妈妈进行了一次对话，我问了这些问题：您为什么从事消防救援行业？为什么你每天都是早出晚归？您累吗？这三个看似普通的问题，妈妈的回答却让我非常感动，她说："我想让更多的人了解消防，增强消防意识，这样的话，全国每年的火灾就会减少，等到那个时候，全国人民和国家都会为我们现在的辛苦付出感到满意。我之所以早出晚归，是消防这份特殊职业的职责所在，妈妈既然选择了消防员的职业，就要努力更好地为百姓保驾护航。妈妈最大的遗憾就是不能经常陪伴在你身边，但是妈妈希望你懂得，我们每个人都应该努力去承担起自己的社会职责，更希望你能像妈妈用行动努力去做一名合格的消防员一样，做一名优秀的学生，成为栋梁之材。"听完妈妈的话，我表面上不动声色，可是心中却是对妈妈充满敬佩之情。消防员是一个伟大的职业，他们在我们身后帮我们挡住熊熊烈火，毫无怨言，他们还是最美的逆行者和劳动者，我们要努力增强消防意识，以此来感谢他们，他们才可以和普通人一样与家人团聚。

在我心里，我的妈妈就是最美的劳动者。

2021年7月27日

过生日的姥姥

  姥姥,是我离不开的人;姥姥,是跟我最好的人;姥姥,是我出生见到的第一个人。明天就是姥姥的67岁生日了,在我心目中,已经快步入古稀的姥姥为人宽厚、和蔼可亲、乐观向上。在姥姥六十七岁大寿之际,我准备写这样一篇文章送给姥姥,这篇文章也许就是姥姥最心仪的生日礼物吧,我要祝姥姥生日快乐!

  姥姥平日里给我留下的印象是很爱笑,每一次见到我,姥姥都会冲我笑,并且坐下来和我一起聊天休息,姥姥的微笑很有感染力,并且可以从中感受到她对生活的乐观。

  每年姥姥过生日,北京的亲属虽然没法去现场,但是通过视频通话可以知道姥姥爷家里坐满了亲朋好友,姥姥穿上了妈妈和胖姨为她新买的新衣裳,一会儿做做东,一会儿聊聊天儿,一会儿喝喝茶,隔着屏幕都能感受到无限的温暖和快乐。

  我猜过生日的姥姥会更加热情,她会邀请朋友们参加酒宴;我猜过生日的姥姥酒足饭饱之后回家,一定会说这样一句话"今天晚上太高兴了,真的很感谢大家";我猜,看完这篇文章,姥姥一定会想,我大外孙子真是太棒了;过生日的姥姥脸上会洋溢着满意的、幸福的、开心的笑容。

  我翻开了家里的相册,它们仿佛在为我讲述一篇动人的长故事,11年过去了,姥姥依然没有衰老,这才是我那个最爱的姥姥啊。现在我在用嘴叼着笔,摇晃来又摇晃去,在想,哎呀,姥姥明天就过生日了，我到底该送什么样的礼物才好呢？我灵机一动，想到了几天后，我们一家三口会趁姥姥阴历生日的时候，去看望他们。还有 1 小时 55 分，姥姥的生日就要到了。

姥姥，我爱您，祝您生日快乐！

2021 年 8 月 1 日　　　　　　　　　

我的表妹豆豆

昨天，我和爸爸终于来到向往已久的哈尔滨。我爱我的姥姥，姥爷，更爱我的小表妹，她就是豆豆。当我们走出哈尔滨太平机场时，在迎接的队伍中最开心的就是豆豆。我和她关系密切，虽然年龄相差七岁半，但是我们依旧是好伙伴。

豆豆还有个小名儿，叫 Alisia，她是中意混血儿。她有着一头乌黑的长发，水汪汪的大眼睛使豆豆一看就非常可爱，小鼻子和小嘴看着有些平常，但是与眼睛组合之后，就形成了一个非常美丽的外国小孩的面部轮廓。她的体型不算太瘦，30 斤的她我努努力依旧可以抱动，她是全家人的宝贝，她乖巧、可爱、活泼，也很机灵。

她的爸爸叫福瑞德，一个来自意大利的热心男人，他现在是一家幼儿园的外教老师。他不仅在工作上很上进，在家里也很勤劳。豆豆的妈妈是一名上班族,这是多么快乐、温馨的一家人啊。你可别小看豆豆这个只有不到四岁的小女孩,见到她,你才会发现她是一个多才多艺的小姑娘,唱歌、跳舞都是她的强项。画起画来的豆豆更显示出她的冰雪聪明,这个小左撇子提起小笔,拿出我的作业本,在上面创造了非常多新奇的物种。她用本、纸和笔描绘了一个新奇的世界。

一般情况下,三岁的孩子只能说出几个单词或者一两句简单的话,往往这种表达能力大人们就非常满意了,但是豆豆的表达能力却非常强,她可以流畅地和她的哥哥、姐姐、弟弟、妹妹等聊天儿。因为她的爸爸是意大利人,所以听英文歌并唱出来和用简单的英文进行交流,也是豆豆常做的。

这次相处,我发现:豆豆比小时候更外向、更聪明了,相信我的小表妹会更优秀,我永远支持她。

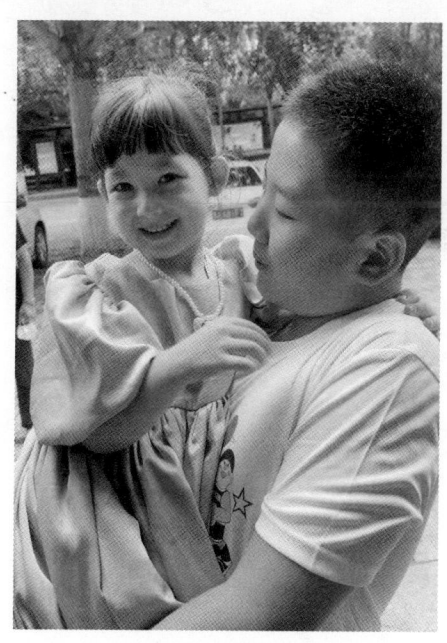

我特别喜欢的豆豆妹妹

2021年8月6日

温暖的哈尔滨一家人

哈尔滨，一座寒冷的冰雪之城。在这里，太阳岛、冰雪大世界等是孩子和大人都喜欢的地方。在我的眼里和心里，气候寒冷的哈尔滨，是一座温暖的大城市，这里有我亲爱的姥姥、姥爷、可爱的小妹妹豆豆……这些亲人就像拼图一样，构成了哈尔滨温暖的大家庭。后天我就要离开哈尔滨了，也要离开这个大家庭了，哈尔滨的大家庭是温馨的，热情的我为生在这个大家庭中而感到自豪幸福。

哈尔滨是我妈妈的大美故乡，她的所有亲人都住在哈尔滨，自然就形成了这个大家庭，这一家人冬天去三亚，夏天回哈尔滨，也偶尔来几次北京，一大家人其乐融融。怎么样，你是不是非常羡慕我这个大家庭呢？

按年龄来分，我把这个大家庭分成四个部分：高龄、老人，中年人和小孩子。他们有着各种各样的特点，所以我也对他们进行了总结，并按照从老到小的顺序先写高龄老人。要说起哈尔滨家庭中的高龄老人，一定就会想到太姥爷以及太爷爷，他们是家庭中的老寿星和吉祥代表人，他们都在90岁以上。太姥爷热情大方，还把自己珍藏了很多年的所有邮票都慷慨地送给了我和爸爸。他可真是一个慈祥的老人啊。在大家庭中，老人的数量比较多，在这里我就按家庭分类，大姥爷家、姥爷家、三姥爷家、四姥爷家、舅姥爷家和珠姥姥家。老人是不是很多？他们共同的特点就是好客，一听说我们来了，争着抢着请我们吃饭。比较晚辈的就是中年人，我的父母和阿姨、舅舅们,他们都是心细、热心的人,不管是在照顾孩子方面,还是在生活上都是我们的好榜样。孩子是家族大树的新枝丫,都正在努力奋发图强、茁壮成长。

怎么样,我们的家庭是不是一个美好的家庭?我喜欢、热爱这个大家庭。

2021年11月2日

老爸戒酒了

11月1日是一个值得我们铭记的日子,因为在17年前的11月1日,也就是2004年的11月1日,爸爸在亲人与朋友的劝导下,非常成功地把烟戒掉了。唉,可真别提了,17年后的今天,因为爸爸和家人喝酒时,我闹腾着总想玩手机,而且是在比较昏暗的灯光下玩手机,玩得连眼睛都不要了,所以爸爸为了我终于要戒酒了。从一个孩子的视角来看,我非常支持他戒酒。酒是一个毁人的东西,这个看似不起眼的液体可以把一个人变得脾气暴躁,也会引来大祸。爸爸戒酒我太开心了,因为爸爸会有更多的时间陪我。我认为,这才是一家人快快乐乐的表现!

11月1日对于我们家来说，是一个名副其实的"戒日"。对于老爸来说更是如此。2004年11月1日，年仅26岁的老爸，经历了无数次的尝试，最终成功戒烟。2020年的11月1日，发生了两件重大的事情，第一件就是爸爸左思右想后，把家里的保姆范姨辞退了，开始亲自为我做饭，也正因为要照顾我，爸爸也没有那么多的时间去和他的朋友玩了，无奈，可怜他只好把打牌这唯一的爱好也戒掉了，现在就只剩下喝酒了……

　　话说回来，我爸爸特别爱喝酒，那为什么要戒酒呢？这件事还得从万圣节当天在兰巴赫吃饭的时候说起。好不容易去吃西餐，我准备好好地干上一顿呢？没到15分钟，菜品就上齐了，我实在忍不住，拿起勺子和叉子狼吞虎咽地吃起来，爸爸他们刚开始喝啤酒，我就吃饱喝足去玩，先去地下三层，拆了一个扭蛋，之后又开始闹腾要玩手机，我特别希望可以打一会儿游戏，于是答应爸爸跑5公里的条件，我就开始玩了。正是因为这种情况，爸爸喝完酒之后会放纵我，所以他要戒酒了。我非常支持爸爸戒酒，因为酒精对身体的损害极大，喝酒人的各种器官都会出现问题，如果爸爸戒酒，就不用担心身体受损了，而且不喝酒的话，他吃饭的速度会很快，也就有时间陪我玩了，这才是一家人应该有的样子。我非常开心，因为爸爸成功戒掉酒这一大祸害之后，我们一家人可以快快乐乐地生活了。

2021年11月6日

姥姥、姥爷回哈尔滨之后的我

呜呜呜，我真是太想哭了，因为我最亲爱的姥姥、姥爷回了哈尔滨。他们在北京的时候，每一天都会热热闹闹，而且每一天我可以吃各种美味的零食，天天都会特别开心，每一天也会有新的好事发生……可是好景不长，他们要回哈尔滨了，我这一天都无精打采，每一节课都在分心。姥姥、姥爷回哈尔滨之后，我的生活又恢复了平静。

首先，先说一下姥姥、姥爷回哈尔滨之前我这只小老虎的表现。因为他们来了，爸爸终于可以不管我了，早上我懒懒散散在小床上伸一个懒腰，刷牙、洗脸和穿衣服这些小事都得让家长督促着干，而且十几分钟也搞不完，唉，别提了，以前自理能力超强的我，变得如此模样，真不应该。过了十几个小时，一天的学校生活终于结束，乘坐班车的我回到家，像一个大老爷一样躺在沙发上，手也不洗，衣服也不脱，这些事情都由姥姥来做，吃饭时让姥姥给我夹菜……总结一下，自从他们来，我就似乎不会自理了。我的生活也因此变得不规律，每天晚上八九点钟才上床，爸爸每天都憋着一肚子气。

昨天姥姥、姥爷回哈尔滨了，我的生活瞬间恢复了正常，早上起来我像一个触了电的压力板，一转眼的工夫，我已经把衣服穿好，一路小跑上了校车。在学校里，好好地上一天学。回家之后，我也乖乖地干一系列我本就应该干的事情，穿衣服、脱衣服也快多了，总而言之，姥姥、姥爷离开后，我更加听话了。姥姥、姥爷既然回去了，那就只剩我们一家三口，我必须好好听话，免得挨骂。

对于姥姥、姥爷回哈尔滨这件事情，我其实一点儿想法也没有，为什么呢？因为姥姥、姥爷来北京的这一段时间里，我一次又一次把一向非常温和的爸爸气得脸一会红一会紫。等他们走之后，我的生活更充实、更加有规律。另外，他们回哈尔滨之后，因为害怕老爸，所以我会立马成为一个听话的孩子。

姥姥、姥爷再见，我一定会好好听爸爸的话，与你们相处的这几天我非常开心！

2021年11月11日

现在的我

我是一个积极上进的小男孩儿，从以前非常内向到现在获得全班37名同学的认可，我很骄傲。除了这些，我还参加过各种比赛，比如说钢琴，美术，而且在比赛之后，我也取得了一些阶段性的胜利。昨天学校少工委组织开展市级四星红领巾奖章的评选，我在18个人中排名第七，最终落选，但是在我看来，这个成绩已经很不错了。我没有当选，回到家之后，躺在床上翻来覆去怎么也想不通，我到底和那些成功当选的人有什么差距?左思右想之后我才入睡,基于这个原因,我就想出了今天这个日记题目,我想证明我很乐观,一直坚信着自己一直很优秀。

话说回来,今天我为什么要选这个日记题目呢?因为昨天所有三星获得者齐聚一堂,一起进行四星评选,我在想:别的同学到底比我强到哪儿了,我到底优秀在哪里,不足在哪里?

我优秀在哪里?从小学一年级到六年级,我都是校级三好学生,我也连续几年当选区级三好生,还成为红领巾三星奖章获得者。除此之外,我还有五年中队干部经历,每学期我都是"六小"标兵……这些成绩的取得,离不开老师和同学们的信任和无限的鼓励,其实三星奖章的获得也是如此,这样只会让我有目标,继续前进。其他的奖项就更多了:我是西班牙国际美术比赛银奖;期末考试双百;跳绳比赛名列前茅,代表学校参加区运动会。爸爸妈妈眼中的我特长很多,表现优秀,这才是对我最大的鼓励。

不过我也有一些缺点,首先我爱撒谎,作为一个小学生,诚信才是我们的根本之策。我没有诚信,不讲信誉是一个必须改掉的坏毛病。其次是我做任何事情都不认真,因为我贪玩,所以对于学习这一方面来讲,我很不情愿,更不愿意做各种其他的事情。

写这篇日记的时候,我坐在教室里,成功地把与别人的差距找了出来:首先,差在"懒"这个方面,我别的都不错,就是不愿意干活;其次,我非常不愿意参加各种比赛和活动。

知道了自己的不足和他人的优秀之处,也就有了努力的方向,我要继续努力。

2021年11月12日

过生日的小谢谢和坤姥爷

今天是11月12日。令我没有想到的是，看似普通的一天，竟然有两个人一起过生日：小谢谢和坤姥爷，这是一件多么凑巧的事儿，就像一根麻绳，两端互不认识，但是因为有我这个中间人的存在，才把它们连在一起。我要祝小谢谢和坤姥爷生日快乐，一个好好学习，取得班里名列前茅的优异成绩；另一个身体健康，福如东海，寿比南山。

小谢谢是我们班的女同学，她也是我两年的前桌，虽然有的时候（我们男生招惹她）她会大发雷霆，狠狠地揍我们，不过在女生中，小谢谢还是挺有威信的，她上课比较喜欢开小差，和我一样。她的脸上总是挂着笑容，非常乐观，我和小谢谢的关系不错，在上副科的时候，我们也会和其他同学一样，找老师讲课中的问题，也会讲课上有意思的东西、聊天儿。

今天的另外一个主角就是坤姥爷了。姥姥有一个朋友，她就是于华坤姥姥，我两岁的时候，她偶尔会来我们家看我，坤姥爷就是她的丈夫。我们两家经常会在一起聚餐，我和坤姥爷不是特别熟悉，但是我依旧非常敬佩他。我认为坤姥爷和小谢谢虽然互不相识，但是在同一天过生日一定很有缘分，果不其然，我这个猜测是非常正确的，之所以这么说，是因为坤姥爷和小谢谢有很多相同的地方，比如说他们都很爱笑。每天都笑一笑，对身体就会有好处，他们总是爱笑，亲切中还带着一丝贴心。并且他们都非常乐观，看着非常有意思，面对各种挫折与困难,他们都会迈出最从容、坚实的一步,这样就可以把问题解决。而且从长相等方面看,都让人觉得特别有意思。

他们之间的不同点也是有的,首先是年龄一个大、一个小,辈分不同;喜欢的东西也不一样;还有就是一个喜欢抬杠,另外一个总是乐呵呵的,从来不会打骂孙子。

今天是坤姥爷和小谢谢共同的生日,也是他们缘分的体现,作为一老一少,他们互不相识,但是对我来说,这是一件非常美好的事情。从一个旁观者的角度来说,我要先祝他们生日快乐,虽然我并没有准备什么礼物,但是依旧希望他们可以度过自己快乐的又一年,再次祝小谢谢和坤姥爷生日快乐!

2021年11月17日

同时过生日的母女

现在我们年轻人都过阳历生日,可是老一辈的人都过阴历生日(也有两个都过的)。昨天,就有两个人同时过生日,她们就是我最亲爱的猫咪姐姐和她的妈妈——我的二姑。同一天,猫咪姐姐过阳历生日,二姑则是过阴历生日,这是母女之间的缘分。作为猫咪姐姐的小弟、二姑的小侄儿,我要祝她们母女两人生日快乐,工作顺利,永远快快乐乐,阖家幸福!这真是太巧合了!

阳历和阴历都是我国正在使用的历法，阳历是西方国家通用，而阴历是我国祖先留下来的。可能从来没有人想过会有这样一对母女，在同一天过阴历和阳历的生日，真是太神奇了。昨天面对这件机缘巧合的事情，我感到特别意外，因为这种事情可能几百年也遇不上一回，而这却发生在一对普通的母女身上，她们不仅有强大的默契，还有母和女彼此对对方的爱。在这里，我不仅要祝她们生日快乐，更要祝贺她们拥有这个不小的缘分。

　　猫咪姐姐我关系特别亲密，每次我去她家，她总是会笑着迎接我。到了家里，她已做好满桌香喷喷的饭菜。更让我开心的是那几只可爱温柔的小猫咪，它们像猫咪姐姐一样照顾着我，也一直爱着我。此外，猫咪姐姐为人处事不仅谨慎，还很和蔼，所以单位的领导，同事们都对猫咪姐姐有好感。在此，我也祝正在银行加班的猫咪姐姐工作更加顺利。

　　二姑一直生活在我的老家山西，再过几年二姑就可以退休了，所以我每次回到山西，二姑都会非常热情地请我们吃饭。吃完饭后我最喜欢的事情开始了，这个时候，二姑总是会牵着我的小手，带我去最正宗的月饼店，给我买好吃的老家月饼。现在回忆起来还真有一点儿馋。不过，二姑每一年也会给我寄来满满一大箱老家月饼，真是不怕我吃不够啊。她总是笑着陪我玩，陪我聊天儿，其实我挺爱二姑的。二姑和猫咪姐姐作为母女非常像。首先，她们都爱笑，其次，她们都特别爱我，对我特别好。

　　昨天是二姑和女儿猫咪姐姐共同的生日，我要为她们送上一句迟到的祝福。

2021年11月19日

大厨老王

2020年11月1日,注定是一个让我们全家都记忆深刻的日子:那一天,爸爸把保姆辞退了,从那一刻起,爸爸就做好了独立承担家务的准备。刚开始,他根本不会做饭,甚至是一看到锅碗瓢盆就晕,可是,事情很快发生了巨大变化:经过爸爸不断地磨炼和不懈的努力,终于,那些普普通通的锅和炒勺,成就了我们家的骄傲与荣耀——超级无敌大厨老王。他努力学习各种烹饪技巧,现在中西餐的许多菜品,老王都会做。我认为爸爸能有现在的厨艺成就,离不开自己的努力。我喜欢吃爸爸做的菜,也要学习爸爸锲而不舍的精神。

老王是爸爸的代号。如果我有一双巧手,一定会做一顶高高的厨师帽戴在他头上,那风度,绝对和饭店里的米其林一星大厨差不了多少。在我们家里,爸爸现在的厨艺是最棒的,我特别喜欢吃老爸做的菜。从2020年开始到现在,厨艺界的十八般武艺,爸爸基本上已经学了八成,各种中餐以及西餐(只要是我想吃),只要我说,爸爸第二天就可以做到。其中,宫保鸡丁、土豆炖红烧肉是他最拿手的。先说一说川菜之王"宫保鸡丁",这是我最喜欢的一道菜。爸爸将这道菜很成功地做出了家的味道,辣味十足,肉质鲜爽,我每一次吃都很开心,可是这道菜是半成品,算不了真功夫。土豆炖红烧肉,这道菜是爸爸自己做的,扑鼻的香味从菜里飘来,肉非常香,吃一碗汤泡饭是一个不错的选择。

爸爸的菜之所以这么好吃，是因为爸爸总想让我的生活起居以及饮食更加丰富、富有营养。辞退保姆开始独立承担家务的那一刻，爸爸肩上又多了一份重任，那就是每天负责给我做饭。有时间的时候，他总是在家里上网学习厨艺，并且不断练习，现在，终于把食谱研究透了。之所以我爱吃爸爸做的菜，还因为他每一天都在努力，我感谢爸爸为我的付出。

作为王大厨的儿子，我要在今后的学习和生活中学习他不断进取、不怕困难的精神，我也要好好地用成绩回馈老爸，哈哈，今天又一个100分。

再说一个秘密，昨天，我无意中发现王大厨又入手了一本美食书，这样我就又可以吃新的美食了。爸爸辛苦啦！

2021年11月23日

好朋友和陌生人

人的这一生中，会接触各种各样、形形色色的人，如果把每个人的好朋友比作一个乒乓球，那么我们身边的陌生人就可以组成一个地球了，这样的比喻毫不夸张。当我们漫步街头、去超市购物或者在干其他日常工作的时候，我们和迎面走过的人都是陌生人。不过，陌生人也可能成为好朋友，相互熟悉、互相喜欢；但是，再好的朋友也可能因为失去联系而最终成为陌生人……陌生人和好朋友不同，但是他们就是这样互相支撑着生活在我们身边。

好朋友的定义其实很简单，比如说一个人和另一个人有着共同的爱好，就可以称之为好朋友。在学校中，你和某个同学相处得特别好，总在一起玩儿，这就算是志同道合的好朋友。总而言之，好朋友对于我们每一个人来说，都是非常重要的：当你遇到困难的时候，好朋友会义无反顾地对你伸出援手。好朋友特殊的地方在于：我们彼此认识，走在大街小巷遇到的时候，彼此一定会主动打招呼。

从小我就听爸爸妈妈说"不要接受陌生人的东西；人心隔肚皮，做事两不知"，陌生人就应该是这样一个身份。走在街上，可能有95%以上的人，我们彼此都不认识，这就是陌生人。他们基本上可以分为两类：好人和坏人。有一种陌生人心地非常善良，虽然彼此之间互不认识，但是他会对你表达满满的善意；可是也有一类人，心怀不轨，他们有的是无恶不作的犯罪分子；有的是为了钱财而不惜一切代价的小偷。但是我们要始终坚信一个真理，那就是：世界上还是好人多。如果见到了陌生人，你会表现出与好朋友不一样的状态，你可能会低着头走过，不仅不会搭讪、聊天儿，更不会去对视……

下面，我来说一说朋友与陌生人之间的关系以及它们之间的不同。好朋友可以变成陌生人，比如幼儿园的同学，长大之后可能就再也没有联系过，也就成了彼此不认识的陌生人；相反，陌生人也会成为朋友，因为在任何两个人成为朋友之前，其实他们都是陌生人。

通过写这篇日记，我懂得了：我们一定要用良好的心态来面对每一个人，和他们认真相处，同时在这个世界上，好朋友和陌生人缺一不可。

我有很多很多好朋友，他们都是我的好伙伴，我真幸福。

2021年 11月 24日

爸爸做的玉米排骨汤

  作为小学生的我,早餐和午餐都在学校解决,学校的伙食各式各样,非常美味,且富有营养。学校的餐食中,各种肉菜是大家最喜欢的,这让之前不爱吃肉的我也成了"肉食主义者"。我们每个孩子心目中都有自己喜欢的一道菜,我最喜欢的就是"玉米排骨汤",不管吃多少都吃不够。这不,为了满足我在家也能享受玉米排骨汤的愿望,大厨老爸便开始研究这道菜,这一次尝试确实非常成功。

  为什么要吃玉米排骨汤?这是因为学校每周都会有固定的菜谱,厨师为我们做各种丰富多彩的美食,玉米排骨汤就是其中之一。每次吃玉米排骨汤的时候,我都会添好几次饭,来回排队我也不嫌累,还总也吃不够。于是,我找到王大厨,第一时间把我钟情这道菜的想法告诉他。当天,王大厨就开始着手尝试,经过一上午的研究,晚饭时候,终于把这道菜给研究出来了。

  放学回家,一推门,扑面而来的熟悉的香味儿直接钻进我的鼻孔,"玉米排骨汤,就是这个味道,真好",我不禁感叹道!于是从电饭煲里盛出一碗米饭,直接往盛出的汤里一扔,然后左手勺子、右手筷子,向着美食,进军!我一勺接着一勺地把美食送进嘴里,同时,我的味蕾反馈:美味!我感觉到这道菜既保留了排骨的鲜香,又和玉米的甜鲜相结合,肉烂汤浓,入口后回味无穷,这也许就是这道菜最特别的一点吧。想到这里,我撸撸袖子,继续品尝,其实就是狼吞虎咽。这个时候,我的手根本就不受头脑和胃的控制,一碗碗汤泡饭就这样进了我的肚囊,看着因为吃得太多而鼓得像个大皮球似的肚子,自己都忍不住笑了。

我对老爸这道最新研发的菜品感到非常满意,假设满分是10分,我打9.5分。因为这道菜可不比学校的差,不仅仅有炖得又软又烂的排骨,还有香甜美味的玉米;口感既爽滑,又很香甜;排骨、玉米,再和香菜一融合,简直是一绝,让我瞬间就被这道美食所俘虏。但是,为了不让大厨老王骄傲,也为了让大厨能迅速研究出更多新菜,所以我没有给他满分,希望给他留一点努力的空间,让他谦虚地进步。

我认为爸爸做的这道菜非常成功,其间,他表现出了勇于探索的工匠精神。作为一名让我认可的大厨,拥有敢于探索的精神是必不可少的。正在学习阶段的我也要学习这种精神,有了它,我就以可以以最饱满的状态来圆满完成一天的学习任务。

祝贺王大厨成功研发出新菜,可喜可贺,继续努力!

我不仅是枚小吃货,还可以成为帮厨小能手

2021年11月30日

我眼中的张月叔叔

  在小学的六年生活中，我非常荣幸地交到了很多好朋友，在他们之中，和我关系最密切的就是张祎晨了。因为我俩非常熟悉，所以经常在一起聚会，渐渐地，我也对张祎晨的爸爸就是张月叔叔有了一些了解。在我心中，张月叔叔一直是和蔼的、可爱的，还有最重要的一点就是张月叔叔做的饭特别美味，希望下一次再聚会的时候，可以再吃一次他做的饭。我挺喜欢胖乎乎的张月叔叔的。

  张月叔叔长得挺可爱：差不多1.8米的身高，长长的头发，大大的眼睛，一个小鼻子和一张大嘴，肚子上的腹肌可棒了。因为有着频繁的锻炼经历，所以张月叔叔的腿异常粗壮，我的心里有这样一个想法：如果有一天张祎晨踢叔叔一脚，会不会反而伤害到自己呢？张月叔叔很面善，每一次到他家去做客，他总会笑眯眯、乐呵呵的，使我瞬间就放松下来。

  在我看来，张月叔叔还是一个非常幽默的人，不仅仅因为他爱笑、会讲笑话，还有一个更为重要的就是张月叔叔总喜欢用幽默的形式来回复各种线上对话以及朋友圈中的每一条消息。比如说在我爸爸、向日葵爸爸和张月叔叔的微信群里，他总会像小孩子一样调皮地对爸爸说："戒酒王警官好"，每一次都让老爸和我哭笑不得。这同样的一句话，还会在老爸偶尔替我发的朋友圈中出现。

  除了这一点，张月叔叔还有让大家称赞的好厨艺。这周日，我们又去张月叔叔家做客。中午12点多，终于到了吃饭时间，玩了一上午手机的我们终于可以好好吃顿饭了。很快,餐桌上就全部是美味的饭菜了,主食竟然是我最中意的新式炒意面。我们四个小馋猫,也真是饿坏了,坐下来就立刻狼吞虎咽地吃了起来。三下五除二,我就连着吃了两碗,吃完之后,我边擦嘴边用低沉的声音对张祎晨说:"哥们儿,你爹做饭的水平确实比我爸高"。可是我的运气却没有那么好,刚说了一句,就发现了老爸那凌厉的眼神,我只好悻悻地跑开了。但同时我也懂得一个道理,那就是"轻易不要在任何场所说自己老爸的坏话,真心不好"。

我喜欢张月叔叔。因为他为人老实忠厚,还有好脾气和好厨艺,这是一个合格老爸最基本的标准。

2021年 12月 27日　　　　

痛风的老爸

有句老话说的实在是太好了:"人吃五谷杂粮,哪有不生病的呢?"我最亲爱的老爸是一个身体健康的人,可是他的老毛病也是老敌人,痛风又来了。这不仅仅是对他的威胁,更是影响了我们家的生活。我印象中,这是他犯过的第三次痛风了,这一次一定最不舒服,因为爸爸的左脚整个肿了起来，只要走路或者碰到什么东西，就会产生剧痛。在此，我建议大家长大以后千万不要喝酒，含有酒精的产品也少喝，否则后果就会和我老爸一样，实在是太痛苦了，甚至还会影响全家。什么时候爸爸才可以真正把酒戒了？总而言之，我想向大家说，千万不要沾上酒，否则这一辈子有的是时间让你后悔。

我的爸爸是一个特别热爱生活，坚持运动而且自律的人，每天爸爸都会去游1公里、跑5公里，偶尔还会和以前的战友打羽毛球。但是任何事情都不会尽如人意，因为爸爸有一个爱好：喝酒，只要和亲戚朋友一起聚会，都会喝各种酒，如红酒、白酒、啤酒等，虽然这可以让爸爸兴奋，但是对身体的摧残更是厉害。爸爸自从自主择业之后，就成了一名光荣的"家庭主男"。每一天，他都承担起各种家务和做饭的重担，虽然这些工作特别辛苦，但是我亲爱的爸爸依旧没有怨言。每周末，爸爸还会陪我玩，和我一起跑步。可是因为爸爸喜欢喝酒，而且应酬很多，就在上周左右，痛风又一次犯了，爸爸非常坚强，一直咬牙挺着，他不能再像原来那样一蹦一跳，只能一瘸一拐，我看着心里很不是滋味。而且，周末跑步时，那个陪在我身边的人，一下子变成了一辆小电瓶车载着老爸，跑步时，我只能用尽自己的全力，很累，但是就是希望爸爸开心。我上网查了查，痛风并不是很严重的疾病，希望爸爸早日战胜痛风，曙光就在前方。

我认为引起痛风的原因就是酒，因为酒是一个非常不好的东西，对于人的身体非常不好，所以我觉得爸爸的痛风就是因酒而引起的。我们一定要远离酒，否则就会和爸爸一样。同时祝老爸早日把痛风给甩掉。

2022年1月29日

我眼中的刘晓姥爷

　　我的姥姥、姥爷有很多好伙伴,其中蒋姥姥的老伴——刘晓姥爷给我留下了深刻的印象。刘晓姥爷有一颗炙热的待人之心。这一次来到三亚,我和刘晓姥爷处得不错,也亲近了很多。我认为:刘晓姥爷是一个好人,别看每个月的退休金只有3000块钱,但是给我花钱很大方。每次我想玩的时候,都是他无偿接送。带我购物的时候,他也一点都不吝啬,而且要求我选的东西都必须是两份。所以,我挺喜欢他的,一个不正经却充满爱心的小老头。

　　蒋姥姥和我们家走得很近,所以,我和刘晓姥爷也熟识了,几乎每次来三亚或者去哈尔滨,他都主动来机场接我。姥爷生病这段时间,我无聊的时候,刘晓姥爷就会带我去游泳、打篮球,我饿了就给我买好吃的。

　　我眼中的刘晓姥爷有那么一点点的不正经,之所以这么说他,是因为在我的眼中,这个人似乎总在开玩笑。第一次是在他的车上,刚来到三亚,他就吓唬我说要把我卖了,我噗嗤一声笑了,因为这种小把戏我听多了。刘晓姥爷和我相视一笑。在这之后,非常有意思的刘晓姥爷和我越处越近。之后在车上,刘晓姥爷就教我怎么娶个好媳妇等,让我哭笑不得。

　　我非常喜欢刘晓姥爷,还因为:他和我"臭味相投",还很风趣,而且,他对我特别用心。在我眼中,刘晓姥爷虽然总是逗我,但是也是我的好伙伴。

2022年2月2日

我的弟弟、妹妹

  我们家是一个大家庭，爸爸出生在山西，在我的老家山西有很多亲人，他们对我非常重视，不过我不经常回去，所以和那些亲人的联系也不是很频繁。而在另一边，我的妈妈也有一些亲人，他们在哈尔滨，几乎每一年我都会和他们见面。在山西，我有一个哥哥和两个姐姐，还有侄子大然；在哈尔滨，我有很多的弟弟和妹妹。我很幸福，希望我们的关系可以越来越近。

  我的爸爸妈妈一个来自山西，另外一个来自哈尔滨，等于说我属于黑龙江与山西两个大家庭，自然我就会有好多兄弟姐妹，还有一个可爱的大侄子。在山西大家庭之中，我虽然岁数并不大，但是辈分却很高，反之，在黑龙江大家庭中，相比之下我的年龄很大，辈分却很低，神奇吧！

  我的哥哥可真不多，只有一个，他就是山西的杨阳哥哥。他虽然是我哥哥，但是已经有了孩子，他比我大出将近30岁。每一次到山西忻州，杨阳哥哥总会请我们吃饭，他长着一对大圆眼，胖胖的身材，特别可爱。

  我有两个姐姐，一个是我最喜欢的猫咪姐姐，另一个是不怎么熟悉的雪儿姐姐。猫咪姐姐生活在北京，和我在同一个城市，她总是来看我，上次她就给我带来了中国人民银行发行的冬奥会纪念钞。雪儿姐姐和我的联系不多，她是我二爹的孩子，听说雪儿姐姐特别优秀，考上了中国很好的军校——国防科技大学。

我的弟弟基本都在哈尔滨。大熊是史聪舅舅的儿子，他虎头虎脑，非常招人喜欢。鹏鹏是大龙舅舅的二儿子，特别好玩，很有意思。

妹妹可就太多了，我下面会按照我喜欢的顺序来讲，第一，豆豆，豆豆是我最喜欢的，因为我和她最熟悉，而且她是一个小混血儿，好看极了；第二，青青，青青只有两岁，但是她特别聪明。第三，妮妮，妮妮是一个东北人，和豆豆最好，让我有一点小羡慕。第四，依依，依依妹妹也在北京，她五岁了，聪明极了。第五是九儿和露露，九儿是二龙舅舅的女儿，记忆力超好，露露也是我的一个妹妹，她四年级了，是女孩中年龄最大的，她个子比我高，声乐是她的强项，上次见面时她才五岁，现在竟然有了翻天覆地的变化。

弟弟、妹妹和我的关系都很好，我要好好照顾他们，就像我的哥哥、姐姐对我一样，那真是满满的爱呀。

2022年2月3日

访客李轩亭

在我们学校这个大家庭之中，我有无数的好朋友，有60%以上都是我们自己班的，比如说张祎晨和张子儒，但是剩下的40%就是班外以及校外的朋友了。比如说迟大皮、李轩亭和何金伟。昨天，我的一个好哥们儿李轩亭就在三亚和我成功会合了。这是我和李轩亭认识之后的第一次玩耍，感觉不错，而且昨天爸爸给了我们充分的自由空间，所有时间都属于我们两个。

在我们的眼里，李轩亭是一个"坏学生"，是因为在我们上操的时候，总会听见体育老师和八班的班主任一起怒吼，回头一看，"噗嗤"一声笑了，为什么呢？因为李轩亭正在板着脸、歪着头、撇着嘴。被老师揪着往后推着走，这一幕太搞笑了。好几分钟之前，我们的大勇哥李轩亭同学做广播体操的时候，站在他们班队列的最后一个，模仿科比打篮球，中指还一伸一伸的，时不时投几个篮儿，那个沙雕样让我们笑得肚子直疼。

在我的眼里，李轩亭是一个非常沙雕的人，因为他的微信中朋友圈大图是一个哔哩哔哩沙雕邢三狗，而且他的电话、微信、语言、通话铃声都很搞笑，从他的行为和举止看，根本不像一个比我小三个月的人。

昨天，因为我们都在三亚，所以他来到我们家玩儿，整整一上午我一直在等他，中午时候，终于来了，我们跑上跑下玩得不亦乐乎。可是一不小心，和我们一起跑的表妹豆豆把腿摔破了，这个时候我犯了一个错误，就是不仅没有扶妹妹，反而还和李轩亭一起幸灾乐祸地笑，这真是作为哥哥的失职。下午打完篮球，爸爸同意我们两人自己去饭店吃饭。我们两个小哥们儿聊得、吃得非常开心。

李轩亭和我是一对好朋友，因为我们"臭味相投"，都很沙雕。

2022年2月6日

一位让我敬佩的老人

　　昨天是2月5日，农历正月初五，又称"破五"，同时也是又一个值得记忆的日子。昨天晚上，我们一大家人欢聚一堂，其乐融融。从表面上看，饭桌上的核心是我们这些小朋友，但是其实还有一位让人敬佩的老人在场，他还即兴发表了一段让我们全家人都感觉到非常震撼的讲话，让我受益匪浅。这位老人就是妈妈的姥爷、姥姥的爸爸、我的太姥爷，对这位老人，我内心充满了无限的敬意。一位93岁的老人，依旧红光满面、依旧谈笑风生……在我看来，太姥爷生动地诠释了什么才叫作"吾辈当自强"，一个和睦的家庭离不开这样的老人。

　　太姥爷今年已经93岁了，无疑是我们家里面年龄最大的一位，年轻的时候，他曾经是黑龙江文化厅的厅长。现在，虽然已经93岁，但是太姥爷依然有着好身体、好口才和好习惯，让每一位后代都佩服。

　　我和太姥爷的关系特别好，从我开始记日记起，太姥爷就会认真阅读并精彩点评。太姥爷很疼我，每次到哈尔滨和三亚，太姥爷和邹姥姥都会见我好几面并且请我吃饭。小时候我特别害怕老人，见面的时候会把手缩起来不和老人握手。每一次，太姥爷总是慈祥地笑着看着我。在我眼中，太姥爷是和蔼可亲的，他和晚辈说话时，总带着微笑，像一个可爱的孩子；他平易近人，不像别的老人，会有架子；他还是我的良师益友。太姥爷很有口才，昨天晚上聚会时的祝酒词说得很流利，思路也很清晰。在家人们眼里，太姥爷比我写的还要优秀。

昨天晚上吃饭的时候，太姥爷说了一段话，大概的意思是这样的。欢迎四个大家族：冯、金、王、高欢聚一堂，这是一个家族融合的好机会，也是家人体现亲情的一幕。亲人在一起是团聚，是一件多么美好的事情。而且还祝大家身体健康、家庭和睦，祝孩子们茁壮成长。作为王家的代表，我也代表我的爷爷奶奶、爸爸妈妈发表了我的见解和祝酒词。另外，在昨天的饭局，我还演奏了吉他，其中有两首曲子是我的个人独奏，五首曲子中剩下的三首是我和美女合唱团一起合作完成的。我的吉他演奏非常精彩，豆豆和妮妮的唱歌伴舞也很到位，太姥爷特别开心，一直在用手机给我们拍照、录像，我的心里不由有了一丝丝自豪感。

可敬的太姥爷是我成长路上的"良师益友"，祝他永远身体健康！

我为我最敬佩的太姥爷庆祝生日

2022年2月27日

张祎晨的一家

  我是一个人缘不错的小伙子，在班级之中就有很多好朋友，比如说张祎晨、张子儒和任丰泽……这其中，张祎晨和我的关系最好，来往也最密切。在我们无数次的玩耍中，我对张祎晨一家有了比较深的认识。在我眼里，这一家人都是老实、憨厚的，希望以后我们可以有更多的接触和交往，也祝福张祎晨在初中可以拥有更多像我一样满满正能量的好朋友。

  我和张祎晨虽然在学校总是打架、斗嘴，但是我俩是绝对的铁哥们儿。在我眼中，张祎晨是一个高冷、帅气、聪明、英俊、大气、侠肝义胆的人。因为他对朋友足够仗义，在我有困难的时候，总会出手相助。每一次，张祎晨抽中盲盒笔，总会把重复的一款送给我；每一次，篮球比赛的时候，张祎晨都会无私为我助攻；每一次，我准备挑战新鲜事物的时候，张祎晨也会为我加油鼓气……在我成长的道路上，这个好朋友一直在我身边陪伴我！在我心里，他一直就是那个高高个子、尖尖小脸、潇洒又帅气的男子汉。

  下面我来给大家介绍一下张祎晨的家人，张祎晨的爸爸张月叔叔是工商银行的一名职员，他的厨艺很高超，下班回家，张月叔叔就会担起厨师这个职务。每天，张祎晨都可以吃到各种各样的美味西餐，真幸福！再来说说张祎晨的妈妈何广悦阿姨，她也是银行职员，身材苗条，和我妈妈一样办事沉稳。何广悦阿姨还是一个慢性子，对张祎晨特别细致，而且为人谨慎稳重，做什么事情都有条不紊。

我非常喜欢张祎晨的一家人,因为他们善良、可亲,日子还过得红红火火。和一个善良的家庭来往,本身就是一件特别愉快的事情。还有半年,我和张祎晨小学毕业可能就要各奔东西了,但是我们两个是永远的好朋友。

张祎晨年龄比我大一点,个头比我高一截

少年追梦记

不负年少

2021年6月28日

游泳比赛

  今天便开始了新的一周。昨天，我过得十分开心，运动使我身心愉悦并体会到了运动带给我的无穷快乐。对于我和爸爸来说，游泳是一件有益身心的运动，通过游泳，有效地提高了我的肺活量和我坚强的意志。前天晚上，好朋友就告诉我周日要去游泳，我自然非常开心，爽快地答应了。回家之后，爸爸给我加油打气："明天你要跟其他人比赛，五个人，希望你能全胜，加油"。晚上，我翻来覆去，实在是睡不着觉。

  昨天早上，我们父子俩早早到达游泳馆，乘坐电梯，到达位于蔓联酒店的20层。游泳池是悬空的，非常有意思。下水之后，我与其余几个人的比赛拉开序幕。第一场，我对阵张祎晨和向日葵，这是一场毫无悬念的比赛。试水完成，经过爸爸和叔叔的开始发令，我们三个直接冲了出去，我们的比赛距离是半圈25米，我用自己熟悉的速度冲到终点回头一看，他们还在拼命游呢，轻松胜利。第二场对阵张月叔叔。因为消耗了体力，也是第一次和张月叔叔比赛，所以，我的心里忐忑不安。我想，张月叔叔这么大个子，劲一定很大，我肯定比不过他。正在胡思乱想时，比赛开始了，我憋足了劲，一溜烟地冲了出去，往边上一看，张月叔叔不管怎么样也追不上我了，于是，我便放慢了速度，50米过后，我顺利回到起点，张月叔叔上岸后边走边喘着粗气，原来，他岔气了。就这样，第三个对手也败给我了。

  第三场，我腿肚子有些发麻了。门宇阿姨小学和初中都是游泳队的尖子选手，比蛙泳，我对自己有些怀疑了。随着向日葵的"开始"二字，我和门宇阿姨一起冲了出去，我也顾不得抬头看门宇阿姨了，自己冲向终点，0.1秒之差，我取得了这场比赛的最终胜利。我想："呵呵，第一，归我了。"

第四场，向日葵的爸爸投降，我便不战而胜了。

第五场，是我最不可想象的一场比赛。爸爸也登上擂台向我挑战，我根本不把他放在眼里，这就是历史上著名的轻敌而败，正是因为我的轻敌，导致结果发生了大变化。随着张祎晨的开始声，我和爸爸同时蹬水，冲了出去，我还时不时往左看着，只见爸爸一点点地超过我，到达终点，而我，还在傻傻地扑腾呢。

这次游泳比赛意义非凡，我懂得了骄傲自大的危害。

吃完饭后，我们回家，我一直记得爸爸的那个胜利的手势。

2021年 7月 9日

打篮球

现在已经是五年级下半学期，就在下个学期，冬锻活动中的篮球比赛，也即将拉开序幕。此刻刚刚考完试，应该在学校里好好放松一下，运动是释放压力的最好方法。所以在今天的体育课上，老师把我们分成了两组，男生、女生各一组，每组还有一个篮球，不强迫，不想打的，可以去边上打小球和沙包。我、程尚东和张溥博可是我们班的王牌选手，自从上次对阵四班的比赛失利之后，经过苦练，我的中远投投篮更准了；程尚东的运球技术更好了，"独"的毛病也改好了；张溥博呢，他的体格更加强壮了，以前的他一撞就倒，现在更硬实了，谁也别想从这个小瘦子身上占到一点便宜。

今天，我和三组队友打了三场比赛。第一场，我、程和张挑战不服者。不服者来势汹汹，可是在我们这里，什么也不是。刚刚开场我一个突破分球，把球给队友，投篮得手，1:0，第二球，队友一个抢断分球，我接球就投，2:0，比赛接近尾声，我使出大招，千里狂驹冲刺上篮，将对手全部撞倒，3:0。

我们觉得这样没什么意思，根本没有什么意义，于是我、刘泊宇和张博涵挑战程尚东、张溥博，刚开始便打了他们一个措手不及，在三分线以内，一个漂亮的弧线，球进，1:0。队友把球分到左边，又一投命中 2:0，接着一个远投，3:0。正在庆祝时，稍有大意，被对方进球 3:1。比赛结束前，刘泊宇一个漂亮的上篮，4:1 绝杀。

该轮到槿尚组合闪亮登场了，我们的组合口号就是"干吧，10:0 啊"，距离老师把球收走还有几十秒钟，我一记中投 1:0 领先，本场最佳球是我一个助攻给到程尚东，程尚东用一个敏捷的身手和华丽的转身完爆对手，直接上篮命中。

在今天的系列比赛中，我的进球有五个，助攻有三个，盖帽有三个，抢断有一个。队友评价：打得非常好；个人评价：满意。

我们期待六年级，加油。

2021年8月2日

VR、CS初体验

　　现在，时间已经迈进美丽中国发展的21世纪，许多以前没有的东西都出现了。现在，我们这些小孩儿的日常中最喜欢的东西就是电子和电动了，在我的眼中，VR和真人CS才是这个时代最具特色、最具亮点的东西。一天前，在哈尔滨银泰城转悠的时候，一个叫作"未来战迹"的真人CS体验馆让我产生了浓厚的兴趣，体验完毕，我才知道现在的科技是多么发达。

　　相信许多小伙伴都知道什么是VR，但是都没有亲身体验过，我在这里要给大家分享一下我所得到的关于VR的知识。VR是一种新时代独特的技术，它可以在大屏幕上投影出来，也可以使用VR眼镜体验身临其境的感觉，虽然现实中的游戏场很平整，可是戴上眼镜之后，你便产生了错觉，来到了虚拟的游戏场地之中，仿佛身临其境，这里有各种不同的游戏场景，也有各种各样的障碍，比如箱子和墙。VR可以将假的变成真的，也可以把没有的变成有的，怎么样，VR是不是非常神奇，大家也可以去体验哟。

　　来到这个体验馆，一切都是那么新鲜有趣，因为我第一次体验这个项目，叔叔就为我细致讲述了这个游戏的规则，有CS、狙战、深化、趣味几个模式，玩家们可以穿过自己方，去交换任意的枪支。

　　我在第一天的第一次体验中打了两局，一胜一负，连工作人员都说这个小伙子第一次打，水平不错。当然了，也要感谢我那个美丽善良的胖姨，给我办了500块钱的卡。第一局，我和胖姨二对二，对阵两个哥哥,他们是老手也是高手,不过他们这个组合不是特别默契,中间给了我和胖姨非常大的喘息攻击机会,默契的我们借势"消灭"了他们很多次,最终还是以26:53输掉了比赛。第二局,我和胖姨单打了一局,测试一下我们两个的实力,这一局我已经热血沸腾,整装待发了。糟糕,拿错枪了,我想。开局不利的我一度落后,但是最终以25:21险胜。

第一次初体验,我真是太开心了。

2021年8月3日

运动的一天

跟我在微信朋友圈里发的那一句一样"无论身在何处,运动都是逃不掉的",在我的生活中,运动就像是一个发动机,或者像是一个驱动机一样,无时无刻不在、如影随形。昨天注定又是运动的一天,为什么呢?下面我将为你们缓缓道来:羽毛球是一项我和爸爸妈妈由衷热爱的项目,来到哈尔滨,爸爸不仅给我订了高级的羽毛球场地,而且给我找了一个不能说最好,但是很好的教练让我训练。在一个小时训练的时间中,我训练了非常多的内容,比如说高远球对拉、吊上网、步伐、杀上网,这些训练看似非常简单、平常,可是对体能的消耗和要求非常大、非常高,不过坚持就是胜利,我能打下来算不算是一种胜利呢?我想这一定是吧。

爸爸给我量身定制了计划,只要游泳就可以不弹钢琴,只要弹钢琴就可以不游泳,正巧舅姥爷邀请我和他比赛游泳,我很痛快地答应了,可是我并不知道舅姥爷在小的时候,曾经获得过国家二级运动员的荣誉,在当时或者现在都是非常厉害的,四种泳姿中,我的蛙泳才能领先一点点,我终于懂得什么才是天外有天、人外有人了,我也对自己有了更大的信心。一天的运动就告一段落了。

下午我打了两局CS:一局堡垒,一局狙战,太好玩了,我将对手一个一个地放倒,帅气威风,说句实话,这真是太爽了。晚上我回家也看了运动类的节目,见证了奖牌榜上中国队夺牌数量的大幅上升,我爱你中国!躺在床上几分钟就入睡了,昨天可真是劳累的一天啊。

抱着篮球去公园是周末一大乐事

2021年10月27日

社团活动

在我们史家小学,有一个远近闻名的社团,全北京市,甚至是全中国都知道的红领巾电视台,这个电视台自1950年成立,每一天都会有精彩的节目,每周二的栏目叫作《我们的精彩》。昨天也就是本周二,终于轮到我们班广播,我非常荣幸地成了我们班广播员中的一员,这次的广播经历了无数次演练,最终取得了圆满的胜利。

先来介绍一下我们广播的地方,史家小学的红领巾电视台。据我所知,这是全北京市乃至全中国第一个位于中小学的电视台,我们学校的电视台经历了一次又一次的挫折,今天的它已经很有影响力了。现在每周的广播都不重样,引人入胜,这不仅仅是艺术的体现,更是这座电视台的魅力,这里的工作人员真是太辛苦了。

我们班的六名广播成员是胡梓诚、程尚东、我和叶子润、杨芮、杨可欣。这里主要感谢出稿的同学和做PPT的同学。在广播开播的前几天,稿子刚刚出来,也就是说只有那么几天的时间来准备,导致我们几个争先恐后地背稿子,时间就绰绰有余了,静静地等着广播的开始。昨天我们六个人穿好礼服,整装待发,走进了传媒中心。原来广播的地方后面是一块儿帘子和一张桌子,原来就是在这里进行广播啊,我们边想着边在那里就坐。经过一遍遍流利的演练后,我们渐渐熟悉了这个地方,原来摄像头在一块屏幕上暗藏着,屏幕上又有做好的PPT,这样我就不用害怕了。1点5分到了,我们开始广播,配合非常默契,比排练的时候强万倍,好不容易有了一个向全校展示的机会,我也用尽了自己的每一分力来讲,效果很好,而且在我们的班车队里也有很大的反响。

这次广播的成功,不仅仅属于我们几个广播员,也属于六年级十四班全体同学。

2021年 11月 9日

爸爸妈妈的结婚纪念日

我非常感谢我的爸爸妈妈,正因为他们的结缘,才有了我这个健健康康的小宝贝。19年前,爸爸和妈妈刚刚二十出头的时候,他们步入了婚姻殿堂,成为一对合法的夫妻,同时也做好了迎接新生活的重要准备。从此,每年的11月8日,就成了一个意义非凡的日子。在爸爸妈妈的结婚纪念日到来之际,我以他们儿子的身份向爸爸妈妈送上一句"结婚纪念日快乐",并祝福他们幸福,祝我们一家人欢乐,每天都开开心心的。

结婚纪念日是什么呢?这是一个问题,下面由小王来讲一讲吧:纪念日就是纪念结婚的日子。也许在这一天,你会和父母、亲人到外面吃一顿大餐,也许你会送家长一个贴心的小礼物或者是一句祝词。正是因为有了爸爸妈妈,我们才可以得到自己的生命,得到一个和谐的家庭，从此也过上了幸福的生活。

爸爸妈妈的结婚纪念日是每年的11月8日，我认为爸爸妈妈选择这一天非常好，因为11月8号正好赶上爸爸一大群哥们儿每月的聚会日，而后一天就是全国消防日，爸爸妈妈都是消防员，他们的工作得到了大家的认可。前面这一天是大家的聚会，后面一天又是消防日，正好折中，这是多么美好又有纪念意义的一天。

在爸爸妈妈的结婚纪念日，我特别希望送给亲爱的他们一些祝福，首先我想祝爸爸和妈妈结婚纪念日快乐，能够一起白头到老，希望他们在今后的日子里相处更加和睦。其次祝他们身体健康，快乐地度过每一天。当然还有别的话，我就不说了。

昨天是爸爸妈妈的结婚纪念日，祝他们健康快乐每一天！

2021年11月10日

四星章评选

今年上半年，我非常成功地从我们班级之中脱颖而出，成功当选年度东城区三星红领巾奖章，我感到无比骄傲和自豪。妈妈在网上查询结果显示：红领巾奖章远远不止三星，还有市级的四星红领巾奖章以及全国级别的五星红领巾奖章。本以为我们学校评完三星红领巾奖章就足以了，但是就在今天，迎来了一个非常重要的大评选：市级四星红领巾奖章的评选。四星章的评选，是六年级18个三星章获得者中选出5个，虽然在最后，我还是不出意料地落选了，但是，我依然对自己非常满意。因为，在这18个六年级三星章中、那么多名大队委中，我以第七名落选，也已经不错了。我要更加努力才行！

　　国家为小学生设立了五个不同等级的红领巾奖章，依次是一星、二星、三星、四星以及五星，从低到高，从开始的每班11个到4个，再减到1个，然后是学校5个，最后是全市1个，这一步一步是非常辛苦，也是很不容易的。这不，在今天，就进行了市级四星章的评选，名额为5个。作为候选人，接到通知之后，我立刻回家和妈妈做准备，因为我不是大队委，必须好好准备，我想只要不垫底就行了。

　　昨天晚上，关于准备这件事儿，妈妈一直伏案为我准备演讲述职稿，接下来就看我的临场发挥怎么样了。一晚上的时间很快就过去了，中午时候，我忐忑地坐在礼堂上等待评选，终于开始了。第一个环节是述职，候选人需要先进行述职，因为有准备，所以这一环节我感觉非常顺利。第二环节是填写选票，三、四、五、六年级共72名参与者，均在认真地填写选票，我很快就写完了，开始左顾右盼，看到旁边六年级十三班与十五班的同学都投了我，开心极了。下一个环节就是唱票出结果，我为自己捏了一把汗，15分钟后结束唱票，虽然我没有选上，但是我排名第七，有8名优秀的同学被我超越，我的心里还是很开心的。

　　小王，小王，数你最棒，我对自己很满意。

2021年11月26日

感恩节

　　昨天,是一个非常有意义的节日"感恩节",虽然这是一个西方的节日,但它却对整个世界都有一种魅力,"感恩"这个词会在这一天频繁出现。在我刚出生的那一刻,我的家人们;爸爸妈妈、爷爷奶奶、姥姥姥爷就一直陪着我,他们中的每一个人都值得我感恩。昨天是感恩节,我们应该向那些在身边为我们默默付出的每一个人道一声谢谢,因为我们生活中的每一天都离不开他们。

　　话说回来,西方人在感恩节这一天的节目还真是多:一家之主一般会非常热情地邀请亲戚朋友们来到自己家中,一大家人围着火炉席地而坐,喝着美味的啤酒,吃着富有寓意的烤鸡,大家欢歌笑语,小朋友做着游戏……这是多么温馨的一幕!感恩节,一个体现浓浓亲情的节日,就好像在一艘亲情的小船上,每一个家庭成员的心牢牢地连在一起,形成一个比邮轮还坚固的集体,那就是"家"。希望我们一起体会"感恩"的幸福,让我们怀着"感恩"之心携手共建一个充满温暖的家。

　　去年的感恩节,我和爸爸一起给爷爷奶奶、姥姥姥爷和妈妈都做了一张贺卡,那时我刚刚10岁,卡片上面的字迹非常潦草,不过现在想一想,这一张小贺卡包含的不仅仅是那一幅幅画和那几句又短又潦草的祝福语,更多的是作为晚辈的我对大家发自内心的感谢啊!

　　今年的感恩节虽然已经过了,但是今晚我准备请爸爸妈妈吃一只烤鸡,再送上最美好的祝福,这就是我的一点心意。同时,在感恩节，我还想感谢这样一些人：一是我最勤劳辛苦的爸爸。为了照顾我，爸爸放弃工作，十年如一日陪伴着我，我能取得方方面面的进步，都离不开爸爸的帮助。谢谢爸爸。二是爱我却很忙碌的妈妈。三是爷爷奶奶和姥姥姥爷。从我记事起，爷爷奶奶就一直和我们生活在一起，天天和他们在一起是最幸福的；姥姥姥爷在外地，但是他们总会抽出时间来看我，给我做好吃的，给我买礼物和新衣服，最关键的是姥姥姥爷的到来可以让我摆脱一切束缚，彻底放飞，当然，这是不太好的。四是老师和同学们。六年的时光中，他们给了我许多鼓励和支持，还有一段段难以忘却的回忆。五是所有认识我和我认识的人。正是因为你们每个人身上的优点，才让我有了那么多学习的榜样……我要感谢身边的每一个人，是你们让我的生活井然有序而又充实快乐。

昨天是感恩节，希望大家懂得感恩、学习感恩，做一个拥有满满正能量的好人。

感恩小伙伴的陪伴，让弹奏的旋律更加动听

2021年11月27日

早餐

民以食为天。每人每天基本上都要吃三餐：早餐、午餐以及晚餐。有一名科学家做出这样的判断，早餐是一日三餐中最重要的一餐，要遵循"吃多、吃好"的原则。所富含的营养也必须多，要有至少一到两个鸡蛋，两三种主食，还要有汤或者牛奶。正因为有了丰富的早餐，这一上午才有足够的营养支撑着我们去做好每一件事。经过我的认真梳理，得到这样一个结论，那就是：在我的生活中，必须要接触到这样的三种早餐，分别是学校早餐、周末早餐和假期早餐。

学校早餐：学校的早餐虽然都是按份包装的营养早餐，但每一天都会有不同的花样，比如奶黄包和烧麦等。不过万变不离其宗，学校的早餐就是一个鸡蛋、两种不同的主食，还有一杯饮品，不过营养搭配非常好，让我们一上午的精力特别旺盛，多么完美的早餐！据不完全统计，有90%以上的同学都在学校吃早餐，可见，学校早餐多么重要、多么丰盛！

周末早餐：过完在学校"艰难"的一周，终于可以在家好好休息了，爸爸觉得周末的早餐应该精致，还必须有营养。于是，大厨老王就创造出一个新品：王氏营养早餐。其实就是把炒鸡蛋和炸鸡组合在一起，分别加酱油和番茄酱，再搭配一些主食，并且还有清咖、红茶和牛奶、豆浆……我和妈妈都特别喜欢爸爸的这个新菜品。有机会来我家，我和爸爸一定会用这种美味的早餐来招待你。

最后，简单说说我假期的早餐。假期中的每一天，我都可以好好地睡懒觉。于是，在假期中，我的早餐就是每天一大杯纯牛奶，一到两个鸡蛋以及一些点心。我心里知道这是一种非常不健康的习惯，但是好不容易到了假期，何苦哀哉呢？

在学习和生活中，我们应该认认真真吃早餐，聚精会神好好学习，这样你的每一天才会精力充沛。

我最喜欢吃爸爸做的营养早餐。

2021年 12月 3日　　　　

交通安全日

昨天是12月2日，一个与交通报警电话122相符的日子，这一天就成为"全国交通安全日"。今天，语文老师吕老师告诉我们：在我们身边，每分钟就会有一名学生不幸遭遇交通事故而丧生。这个数据太可怕了，所以，作为祖国的未来和花朵，我们一定要遵守交通法规，同时也要积极向家长宣传消防安全知识。努力让每一分钟带来伤亡的数字越来越少是我们的责任。

以前，我只知道交通事故的处理电话是122，不知道有一个纪念日是12月2日。通过"万事通"老爸，我才知道有这么个节日，另外，一个又一个案例，使我幼小的心灵产生了警惕。在此，我希望并且向大家提出倡议：让我们一起遵守《道路交通安全法》，过马路不闯红灯；未满12周岁的小朋友不要坐在副驾驶；当车在高速公路上行驶的时候，我们要提醒家长系好安全带，好好开车，注意安全。同时在马路上我们更不可以追跑打闹、翻越栏杆……因为这一个又一个简单的小动作，就有可能夺走人的生命。交通安全可真是太重要了，有了安全意识，我们才可以获得安全。

在这一年中，作为一个小学生，我也尽自己所能维护交通安全，在坐车时，我会和爸爸妈妈说不要超速；在有人准备闯红灯时，我也会提醒。我想，如果学校举行一个道路交通安全小卫士的评比，我们家一定会成功当选。

我想和我身边所有的人去分享我做的一切，因为我相信小小的举动也能产生大大的影响。最后，我还想提醒大家，一定要遵守交通规则，做一个好少年。

地铁是我最喜欢的出行方式，没有之一

2021年12月10日

天宫课堂

我们的祖国是一个科技大国，有这样一句话可以形容，那就是"上入天，下入海"。在天上，此刻正在神游着神舟十三号，而在我们脚下的海洋中，正巡游着蛟龙二号深海探测器。在这次上天的十三号号航天器中共有三位航天员：聂海胜、王亚平以及叶光富。从昨天开始就进行了一堂天宫课，我为我们的三位太空教员骄傲，更为我们国家的载人航天员骄傲。作为一名小学生，我们要积极响应教委和学校的号召，作为天宫课堂的追随者，我已经观看过天宫课堂的开幕式，希望天宫快乐课堂办得成功，我一定要认真观看。

众所周知，我国的神舟十三号载人航天飞船非常成功地抵达了天和核心舱，由于我国的科技像飞船一样发达，孩子们也因此喜欢上了科学。为了实现孩子们的太空梦、科学梦以及太空之外的科学实验梦，天空课堂正式上新。在浩瀚的宇宙当中，神舟十三号乘组即将为我们全国各地的学生上一堂生动的科学课，利用5G网络，我们可以非常清晰地看到在太空中的三名宇航员为我们带来的科学知识。虽然只有短短的10次课程，但是我很喜欢天宫课堂，希望能够有更多的人和我一样，感受到太空课堂是多么美好！

课堂中的三位导师都是大名鼎鼎的神舟十三号载人航天任务的航天员，其中竟然有神舟十号中获得太空教师称号的王亚平阿姨，所以这次天空课堂更让人注目，我们都非常期待。

昨天的自主空间时间，我们看了第一课。其中有这样一个试验让我印象深刻：这应该是一个神奇的试验，王亚平阿姨放了一个类似于放大镜似的空心装置，然后往这个东西里面滴了一滴水。如果在地球上，水珠一下就会落下来，可是在太空中，水珠不仅仅将整个镜面铺满，之后再一吸，水珠就整合成了一个水球，再往里面吹一个球，就出现了球加球的奇观。而且，讲课时，王亚平阿姨的脸被水球映照着一会儿正、一会儿反，太好玩儿、太神奇了。

我特别喜欢新出炉的天宫课堂，因为老师们在天空授课，说句实话，这比我坐在教室里面听乏味的科学课强多了，而且在太空上还有一个又一个有趣的实验，把我们带入科学的殿堂，实在是太好了。今后，希望天宫课堂的三位老师身体健康，课越上越好，也希望更多小朋友和我一起参与到天空课堂的学习当中。

我要回去上天宫课堂喽。

从小就仰慕航天员

2021年12月12日

野球初体验

在我们班，有很多个和我一样热爱篮球的小朋友，我们属于志同道合。在如今的篮球界中，一共有两种常见的模式，一种是正规场地，正规比赛，另外一种就是打野球。昨天，在好友侯圣睿的盛情邀请下，我终于体验到了一次打野球的感觉。通过这次打野球，我对野球自然形成的潜规则以及什么是野球有了更深的认识，我必须得感谢邀请我去打球的侯圣睿，正是因为他的邀请，才让我有了这次印象深刻的初体验。从体验中，我认为：在我们的生活中，也应该像打野球一样，慢慢地就会自然形成一套生活规则。而我们这些规则的实施者，一定要默默地遵守，否则就会被抛弃和淘汰。我非常喜欢这次野球初体验，虽然我们几个可怜的小不点儿被那些大高个子打得很惨，但是一定要加油。

昨天下午，接到好友侯圣睿的邀请，爸爸带着我来到地坛体育场打篮球，一到门口，我立刻就傻眼了。什么情况？一个场地之中一共有好几十块儿球场，好多人正在打球，真的热闹。终于在人群中，我看见了侯圣睿和他的爸爸以及弟弟，我立刻三步并作两步冲了过去，真棒，虽然在场地里有一个陌生人，不过我们也算占上场地了。在我们等待着同学来到的过程中，又来了很多人，三个初一的孩子，以及两个1.8米左右的大个儿，很快我们就分拨打起了比赛。

因为两个多小时的时间里我们打了好几场，所以我就只向大家展示倒数第二局的对局，两个大个儿挑战我们剩下的所有人。爸爸在这场之后告诉我这两个大个儿就是所谓的"野球霸""野球帝",之所以这么说,是因为他们的水平最高、个子最高。别看我们有好几个人,在他们眼中就如同一些小仔儿,只见他们一个又一个三分,一个又一个空心,一个又一个大火锅(盖帽),还有一个又一个华丽的篮板和上篮。刚打了两三分钟,我们队就已经落后了好几个球。但是,让我印象最深刻的是在最低落的时候,我随手扔了个三分,没想到在刷了一圈之后,皮球从篮网应声入篮。顿时,我的心里比吃了蜜还甜。

这篇日记的最后,我想和大家来分享一下野球的特点以及和正规球场的不同,首先是场地谁想进都可以进,野球和正式比赛最大的不同就是野球场只用买一张票,三五个好友一起约,随时去。其次野球场没有先来后到,只有"强者为王败者寇",谁人多谁就可以霸占场地。在我的眼中,野球场还是一个两极分化特别严重的地方,因为有的人打得太好,而有的人打得太次。

还有一个地方令人向往,那就是日落东单,那里是野球高手真正的殿堂。

我非常喜欢昨天的野球初体验,下次我还要去试一试,一雪前耻。

有它们参与的家庭足球同样精彩

2021年12月13日

超市购物初体验

　　昨天是一个平常又不平凡的日子，因为我进行了第一次超市购物的体验，我要感谢科学课傅老师，正是因为他给我布置了土豆钟的作业，我才不得不去物美超市进行购物，也就有了这次学习的经历。我为自己感到无比骄傲，因为我向成长又迈进一步。这次超市购物初体验让我非常开心却又有些生气：开心是因为我又学习了一项事关生存的新技能；生气是因为爸爸妈妈对我采取"强制措施"，据说以后采买的工作都由我来做，呜呜呜，我真的是太难了，我还不如不掌握这种技能呢！但是我想，去超市购物这件事，早掌握一天总比晚掌握一天要好。

　　先来说一说我为什么要去超市买东西。在上周的科学课上，老师为我们布置了一项作业"土豆闹钟"，主要的原件我已经看过配置了，但是最重要的东西——土豆却没有（我没有仔细看说明书，其实水果也可以用），一看家里面的土豆只剩一个，根本不够做这个小实验，所以爸爸带我一起去超市买土豆。现在我来讲一讲我从进入超市到回家的全过程。第一步，我们父子俩走进超市，我不慌不忙，先拿出手机核对购物清单。这时，爸爸向我分享了一个经验，那就是，如果要买瓜果蔬菜的话，可以去边上拿一个塑料袋，如果买袋装或者盒装，就可以直接结账；如果是散装的，就要到前台称重，然后贴条形码就可以了。如果遇到一些无条码商品，可以找工作人员帮忙。假如在自动收银台你发现拿错或者是拿多了东西和不用的东西可以直接放在边上的桌子上面，结账之后购物就算完成了。按照我说的方法，我很顺利地买到了土豆。

下午结束三小时羽毛球训练后，我们一家三口去吃朝鲜烤肉，回家路上爸爸又一次和我去超市购物，这次的难度可就太大了，一共有10种，这次和上午的流程几乎一样，爸爸又跟我分享了一个常识，就是同样的东西，散装称重的一般会便宜。昨天还真就灵验了，一种袋装的白菜标价4块，而我们选择了一个个头大很多的白菜，却只需要2块钱……出于奖励，老爸给我买了一盒可爱多冰激凌。这一趟总算是没有白来，吃着美味的冰激凌，我这么想。

最后，我来说说我的感受：一是爸爸真不容易，天天这么购物，真消耗体力！二是"姜还是老的辣"，因为平时买东西多了，才有这些经验。三是就是要早学和多学，我们都要从小学习新知识，每一天不停地学，不断地学，才会有进步。

我非常喜欢这次超市购物初体验，不仅仅好玩，还让我学到了很多。

2021年 12月 22日

期待的新年诵诗会

我非常期待下周二的到来，为什么呢？是因为这一天新年诵诗会就要举行了。我们从上一年级就开始参加这个活动，我已经和全班同学有了六年的经验和默契。今年将是我们2016届十四班参加的第六届新年诵诗会，同样也是小学的最后一届。每一个同学都成了有独词的小领诵，希望我和我们班的所有同学都可以在这方寸小舞台上尽情展现自我。以前的几届诵诗会都没有什么太大的意义，所以一笑而过，可是今年的诵诗会不仅仅是我们小学生涯中的最后一次，也是人生当中的第六次。所以，我们每一个人都特别重视，当然了，家委会的成员们也是如此，为了让我们每一个同学在毕业之后可以听到自己的声音，看到自己童年时候的画面有多么可爱，王乐萌爸爸请来了一个在传媒大学当老师的叔叔，为我们进行专业拍摄。还真别说，拍摄进行得很顺利。下周二，新年诵诗会就要正式开始了，祝我们成功。

先来说一说昨天进行的彩排活动，主要是为了进行录制，因为我们都已经六年级了，前几年的诵诗视频，等过个几十年，可能就无法正常播放了。于是，昨天就有一个传媒大学的老师来我们班帮忙录制，之后每个同学人手一份，这也许就是毕业最好的礼物。除此之外，我们利用昨天两节课的时间，再次温习了自己的诵词并进行集体彩排。然后，我再来说一下具体的过程。差不多刚下第二节课的时候，家委会的几个成员以及负责拍摄的叔叔准时来到，在那些书法和其他节目的录制期间，叔叔先给我们录制了一些生活视频。其中就有我和好哥们儿任丰泽在玩大必杀的一段，谁也想不到，这一段看似非常有趣的视频，却被我老爸给看到了。

然后我们来到第一会议室，按照三排站好，这个老师还真是有经验：他先用摄像机拍下了我们的词，然后以小三角为背景，一个一个地拍个人的词儿。同学们都像一棵棵挺立的大松树，任凭脑袋上的汗水一滴一滴往下落，也绝不挪动半步。终于，第四节课下课铃响时，我们这一只又一只小饿狼回到班里，开始狼吞虎咽地吃起午饭。我想这应该是我最饿的一次了，等我们吃完饭，两个叔叔才去吃饭，一切又恢复了平静。

之所以要为我们进行拍摄还有一个原因，那就是为新年诵诗会打下基础，因为下周二我们的新年诵诗会就要正式举行了，好不容易走过了六届，陪伴我们的老师才是我们最好的伙伴，正好我们的题目就是"老师，谢谢您"。这是一个多么美好的词语，这又是一个多么富有诗意的题目，我们每个同学都一定要好好学习，天天向上。

我在这次录制过程中，诵词特别多，那个老师说我的表情和状态和建党100周年时候天安门那个"请党放心，强国有我"中的小孩儿差不多……这个评价真高，我可真是太开心了。

下一站，下周二，新年诵诗会，我一定要好好表现，让十四班焕发光彩，加油！

2021年 12月 28日　　　　

新年诵诗会

今天是12月28日，2021年的诵诗会正式举行的日子，这是我们参加的第六次新年诵诗会，也是小学阶段的最后一次。无论节目演的怎么样，我们都应该把自己最好、最精彩的一面展现出来，留给观众，让这个六年级不虚度。现在是12点36分，还有一个多小时诵诗会就要开始了，我们每一个六年级的同学都热血沸腾，希望好好表现自己，在最后一次、最后一年中取得圆满成功。一个小时很快就过去了，现在新年已经圆满结束，龚老师和我们都很满足班级和自己的表现，但是我们还需要再接再厉才行啊！

诵诗会是我们史家教育集团独有的迎新年方式，每一年、每一个年级都会有着不同的主题。今年的主题就是感谢史家小学这六年来的培养，也同样要感谢这六年当中一直陪伴我们的老师，我们班的诗朗诵主题就是"老师，谢谢您"。这句平凡的话语正表现出了我们六年级十四班全体同学对老师的爱。

我现在的班主任特别好，从来不会像别的班主任一样占用语文课、数学课，甚至把每一分钟揉成碎片来利用。而我们的班主任龚老师则是牺牲自己的道法课给我们进行排练。这不仅使我们好好复习功课，而且让我们能够好好排练，所以我们会利用最少的时间进行最有效的排练，效率很高，我认为这种排练的方式非常好。

今年的诵诗会和往年可真不一样，以前老师和同一年级的同学都会在现场观看。因为疫情原因，今年只有校领导在场，按照班级依次进行演出。我们前面是十三班,在候场时,我的小心脏扑通扑通地跳,生怕因为自己的失误而连累全班,可是我不露声色,努力把自己最好的一面展现给大家。轮到我朗诵的时候,我自认为表现不错,很好地展示了自己。

今年的最后一届诵诗会非常成功,每个人都为自己争光,也为十四班争光。希望我们小学阶段剩下的任何活动都一定要和这次诵诗会一样,精诚团结,完美展现。加油!

2022年 1月 5日

乐队

我是一个非常热爱音乐的小朋友,从 5 岁开始就和老师学习钢琴;10 岁的时候,因为看见别人弹吉他的样子很帅,就立刻与吉他这件乐器也结了缘。在吉他老师这个音乐人的感染下,我也有一个梦想,就是等到某一天,我可以和我志同道合会音乐的好朋友们一起组建一支乐队,让我们这些小孩子的音乐梦在音符的海洋中飘扬。几天前,我和好朋友们商量一起组建乐队,终于,乐队成立的事儿这两天有了眉目,焦点爸爸同意出资,焦点也就顺理成章当上了 CEO,有了资金，W.L.Z乐队就算成立了，预祝我们的乐队会火。

先来讲讲乐队是什么以及我为什么要和小朋友组建乐队。乐队就是好几个有音乐水平的人，组团在一起，一起表演，这个就是乐队。乐队中的基本配置是这样的：首先必须有的是一个吉他手或者一个贝斯手，而且作为一个合格的乐队主唱手，还应该有一个和声。鼓手也是必不可少的，鼓手可以根据曲谱打出相应的节奏，让整个乐队跟着一个节奏演奏。歌手也是摇滚乐队中很重要的，所以主唱与和声也必须有。哦，对了，我忘了一件事儿。如果有需要或者有能力，还可以配置一个电子琴手来衬托一下乐队的气氛。

在我们即将成立的乐队中，我担任的职务是吉他手，是整个乐队的核心（主旋律演奏者），周嘉家是尤克里里和声，刘芊霖是主唱，焦点和文浩唐分别是架子鼓手和电子琴手。各位看官，你们来看，我们现在才刚刚组建的乐队，是不是特别完善？明天受大家的邀请，我想带着吉他在班车上练练配合，加油小男子汉。

这个部分我想谈谈我的感受，第一就是我长大了，从以前的那个稚嫩小孩儿，到现在一个顶天立地的男子汉。第二就是我有技术，作为乐队的吉他手，我一定要让吉他老师教给我更多技能，让我在舞台上可以发光发热！

祝我们五个人的W.L.Z乐队可以继续叱咤江湖，步步高升，我一定会为之不懈努力！

2022年1月7日

冬锻总结

  我是我们班的体育委员，我在体育委员这个职务上已经两年了，课下我努力训练各个运动项目，就是希望可以为班级争光。今年是我参加的第六个冬锻比赛，结果是获得了非常大的成功。今年冬锻的结果和成绩让我们班的 39 名同学都感到骄傲：因为我们班的总分是第八名，也就意味着今年有可能会拿到一个奖杯，这种荣耀的取得离不开我们团队的每一个人。在下个学期以及马上（只有前三名有奖杯）将举行的篮球和冰壶比赛中，要继续加油。

  我终于知道了一些冬锻比赛的内幕，有一些项目计入团体总分，而有一些项目不计分。每当一年的冬锻比赛结束之后，在操场上就会公布第一名到第八名的成绩，当然是团体总分。据说只要进前八就可以成功地拿到奖杯，但是这一件事儿，在我们十四班全体同学的眼中，是绝对不可能完成的一个任务。可是就在今年，我们班竟然奇迹般地获得了第八名，还能获得一个奖杯。

  这次比赛离不开我们班级中每一位同学的付出，同样也包括我。在比赛中，我参加了好几个项目的比赛。跳绳、小跳绳比赛中，我的水平不含糊，虽然最终跳了第三名和第四名，但是我也算是为班级争了光。我还参加了几个团体项目，拔河比赛中，充分发挥了我的体重优势，不过在其他班的胖子面前，我就甘拜下风了。在和九班的拔河比赛中，尽管和他们班相持了好久，但还是以 0:2 输掉比赛。长绳项目中，男生没有拿到名次；相比男生，女生就强多了，一个是第五名，另外一个是第三名，就是因为这一条，我们班的排名才有了一个超级大飞跃。

我认为：之所以我们可以有着飞一般的进步，是因为有付出，我们可以从年级倒数变成正数第八，是因为有了大家日复一日、年复一年的刻苦训练，要不然我们就不会取得进步，而且在面对困难时，才可以一次又一次取得最终的胜利。马上就要进行旱地冰壶比赛，我们一定要团结努力，争取胜利！

这次冬锻比赛，我对我们班特别满意，真的无愧于小学的最后一年！我骄傲，我自豪！谢谢大家！

2022年 1月 8日

一场比赛

今天早晨，我、王小帅以及老爸的电瓶车进行了一场跑步比赛，这也应该是人和小狗的终极对决，结果不出所料，我输给了帅帅 1/4 圈儿，这件事情直接让我怀疑人生：一个大男子汉怎么可能输给一只小狗？不过我应该积极面对这个事实，好好练习跑步，争取能减小和帅帅间的差距。其实我很清楚，我永远也赢不了帅帅，因为它有四条腿，而我只有两条腿。此情此景，我好想送给帅帅一个小外号：小狗版博尔特。

今天早上，去奶奶家刷完夜之后，我撑着一个巨型的大肚子，咕噜咕噜地回家了。走在空气清新的小区里，无比惬意。我突然听到爸爸好像在叫我，仔细一看，还真是，不过此刻在我左脚边儿，小狗帅帅已经扑过来了，我抚摸着这只可爱的小狗。爸爸突然提议：不如你和帅帅进行跑步比赛吧？我爽快地答应了。这边，王小帅也似懂非懂地点了点头。比赛开始，我已经跑出去好远，可小帅帅还在随地小便，可是我立刻又听到一阵急促的铃铛声，转过身一看，有一只叫作帅帅的小动物，从我身边跑过并超出，而且好像还在挑衅我似地又抬腿尿起来。我实在忍无可忍，撸起袖子，冲过去，终于，帅帅被我反超，还剩1/4圈胜利就属于我了。"可恨"的帅帅来了一个大漂移，甩掉了我，完美冲过终点，我不出意外输掉了比赛，只能站在单元门门前呼哧呼哧喘气。接着，第二位挑战者——老爹出场，因为痛风，这场比赛他只能骑着电瓶车，我负责下达比赛开始的口令，一声令下，只见一辆电瓶车飞奔出去，可是帅帅刚刚开始跑就掉头回来了。这只聪明的小狗，我想也许是因为帅帅太累了不想跑，还有一种可能就是帅帅明知道自己跑不过电瓶车，所以在节省力气，它可真的是太奸了。

赛后我进行总结，之所以我惨败给帅帅，一是因为我跑步的水平的确太差。虽然我的跑步水平和帅帅相差十万八千里，但是如果我的跑步水准越来越好，与帅帅的差距就会越来越小。二是身体情况，帅帅是一只小狗，有四条腿；而我是一个人，只有两条腿，我能不输吗？

我一定要好好练习跑步，争取在下次比赛的时候，可以突破自我，把王小帅给打倒。现在我要再和帅帅一决高下，祝我好运吧！

2022年1月12日

第一次专业游泳训练

　　自从上次和一个小孩儿比完游泳输了之后,爸爸就给我列出了一个表格,无意之中我自己偷看到,我的泳龄已经有五年了,是啊,正如老爸所说的,我真需要找一个更专业的教练来提高了。爸爸因为我而在近期把万豪酒店三层的泳池承包了下来,并且跟斯威鸣游泳培训体系签约,让我训练。昨天下午,我上了第一堂课,感觉非常好,明天、周六及周日还有三次训练,我坚信只要好好训练,就一定会有提高。

　　为什么要进行专业的游泳训练?现在的我即将离开小学,投入到中学生活当中,再过三年我就会进行中考,游泳已经纳入到体育考试项目中,我得继续努力。现在的我已经达到中考满分的水平,如果可以,我和爸爸还有一个目标,那就是在上中学之前,我可以成功地把游泳国家二级运动员搞定,希望尽可能早完成并且超越这一目标,这就离不开认真和专业的训练了。

　　先来说一说我的新教练吧,他的名字叫秦雨,是名副其实的国家健将级运动员,他特别厉害,虽然很年轻,但是却有着丰富的经验。昨天,我又一次来到久违的万豪酒店,看见教练,开始上课。游了一会儿,教练告诉我,我的蛙泳和蝶泳的动作已经很优秀了,可是自由泳和仰泳还有很大的问题。他细心地教我:自由泳是一个提肘动作,而不是用手腕,并且要伸直手,划水时要画一个S形,这样就不会走偏了。还真是专业,第一堂课的初体验,我就已经有了非常大的收获。还有一个小插曲，就是在快下课的时候，为了对我的水平进行一个评判，所以按照评级标准，我测试了一个 100 米自由泳，我游着游着，动作越来越不协调，到了后来干脆连动作都忘了，只在水里扑腾，很是有意思。

我认为我的第一次专业游泳训练获得了非常大的成功，因为在这短短的一个小时之内，我知道了自己的问题与不足，并且在教练的指导下，我可以积极地改正这些动作，以便努力成为更好的自己。

明天我就要进行第二次专业训练了，我的心里美滋滋，我一定要好好训练，让正确的动作成为永远的记忆。我一定会向我的目标：30 秒而不懈努力，一定要好好练习，让这个目标早日实现。

2022 年 1 月 14 日　　

聚会

昨天，因为一些原因，我没有去爷爷奶奶家刷夜，所以爸爸就带我一起去参加他们的聚会了。听着大人们聊天，我才知道，爸爸和他这些朋友的友谊竟然是从十几岁的毛孩子开始的，那时他们都住在方庄一带，一起打羽毛球，同时也经常在附近的刘家大院吃饭。那个时候一个菜也就 10 块钱，每人一道菜，就已很知足；现在，人均 2~3 道菜，生活水平显著提高。这次聚会是爸爸和朋友们认识第 20 年的聚会，同样也是我吉他水平"遭到"认可的一次。祝他们的友谊可以更上一层楼，我会向他们学习。

　　昨天的这次聚会可真有意义，今年已经是这些好朋友在一起的第 20 个春秋，之前这些铁哥们儿正值青春年华，最大的也才 30 岁，因为志趣相投，大家经常会约着去体育馆打羽毛球，竟然连我现在的张蕊教练也曾经教过他们，而且他们还会不定期地去刘家大院吃晚饭。

　　在去聚会的路上，爸爸跟我说，一会儿你带着吉他给海建先生先来一首生日歌，然后再让他选一首，我非常爽快地就答应了。所以当大人们聊天儿告一段落的时候，我也送上了生日祝福：一首生日歌，一首普普通通的歌曲，带动全场的各位和我一起唱，当主吉他手的感觉可真好。最有趣的事情还在后面，叔叔们都跟我吹牛，说老郑伯伯和张海建伯伯的男生二重唱《小草》特别厉害，也巧了，我的吉他书上正好有这首曲子，马上就弹了起来，下一秒，两个东倒西歪的"酒鬼"咧开嘴唱起来，还真有一种男生二重唱的味道。

　　通过聚会，我知道了什么才是友谊，也懂得了友谊的真谛，从不认识到成为铁哥们儿，如果每个人都能用自己最善良的一面来面对他人，那么这个世界上的仇恨就会化为乌有，友谊之光也会地久天长！

2022年2月11日

我的公益活动

　　我是一个非常热爱公益的人。上学期末，我非常荣幸地当选了学校评选的"公益之星"。这不，在这个假期中，我也参与了很多次公益活动。我认为：公益活动让我快乐，能够看到别人因为我的付出而受益，我很开心！希望看到这篇文章的朋友们，可以和我一起走出家门来到公益服务的世界。我相信，像我一样坚持做一个微不足道的小举动，就一定会为身边的人做出大贡献。让我们一起享受公益的快乐吧！

　　这个假期，因为疫情继续肆虐，所以社区并没有像以往假期那样组织什么活动，但是我依旧在自己的生活中找机会做了三次公益服务活动。

　　一是公益教游泳。从六岁开始接触游泳，到现在为止，我的游泳水平还算可以，可以说有一点实力，四种泳姿我都掌握得不错，在俱乐部的比赛中也屡获佳绩，所以，在我游泳训练的时候，就会有人请我做示范，并且让我演示一些动作。每次我都会耐心地讲解并示范。这个假期，在三亚的小区游泳池，两位老人想规范自己的自由泳动作，我耐心讲解并且反复做示范动作供老人录像观看；我还主动教那些喜欢游泳的小朋友基础动作，从憋气下水到摆臂蹬腿，我都耐心讲解。在北京训练的时候，相邻泳道的阿姨希望我做自由泳打腿示范，我也有求必应，一遍又一遍演示，直到阿姨满意。我认为：能发挥特长帮助别人，本身就是一种公益行为，我很愿意这么做。

二是在海边捡垃圾并做好废物处理。这个假期，我去了三亚，家门口就是三亚湾，所以我每天都会去海边玩。在海边，我会捡很多很多的贝壳，好看的带回家，小的和扎脚的就用沙子埋了，防止有人踩到受伤；我还会把行人扔在海边上的垃圾捡起来，分类处理，<u>坚持这样做，海边的景象就不会是垃圾遍野了</u>，反之，空气清新，沙滩金黄一片。这才是海南省三亚市应该有的名片形象啊。

三是自己谱曲帮助同学们更好地记忆背诵内容。这个学期，我们的假期作业里有一条就是背诵 24 字爱眼口诀。刚开始接触，我的脑子里一片空白，一个字儿的印象也没有。于是，我萌生了这样一个想法：因为我有不错的音乐水平，何不自己编写一首曲子帮助大家更好地完成背诵。于是我就开始尝试，大概一个小时，我就编出了一个朗朗上口的曲子，接着我用我的吉他伴奏，完美！枯燥的内容很快就被记住了，真有效！我认为这也算是一项公益活动。

总而言之，参加公益活动已经成了我生活中的一部分，我一定会把公益活动坚持到底，也希望大家可以和我一样，把公益作为日常活动的一项内容，更好地规范自己的行为。

2022年 2月 15日

元宵节

  今天是农历正月十五，也是元宵节。我非常喜欢这个节日，因为在这一天我可以吃到我最喜欢的元宵，这种食物也是我的最爱。它白白的，外面是软糯的皮，里面有各种各样的馅儿，比如说五仁、花生、芝麻等。元宵节不仅仅可以吃元宵，亲人们还可以团聚在一起吃吃喝喝，一起体验幸福家庭的魅力。在这里我要祝我的家人和朋友们元宵节快乐，家庭幸福和睦。

  首先我要来向大家介绍一下元宵节的来历。在古代有一个叫作东方朔的官员，他在朝里当差，虽然生活衣食无忧，但是他的心总是悬着，因为他有一个失散多年的妹妹一直没有音信。突然有一天东方朔收到了妹妹的来信，说是正月十五这一天要来京城找他。到了正月十五，东方朔提着大红灯笼，上面写着妹妹的名字，开始找妹妹（我认为这个场景演变到现在就是猜灯谜）。终于兄妹两个人团聚了。回到宫中，东方朔的妹妹为大家包了一种特别好吃的面食，老少皆宜，馅儿也非常好，这就被后人起名叫作元宵。

  下面我来为大家介绍这一天的习俗。首先第一个就是吃元宵，元宵是我们中国的一种特色美食，它是圆形的，外面是白白的糯米，里面就是好吃的馅儿，特别美味，而且元宵节还有一个习俗，就是我不太喜欢的猜灯谜。灯谜也是我们中国特有的一种民俗活动，就是大街小巷都会挂上大红的灯笼，里面有一条灯谜，走过路过的行人都可以猜，如果猜中，就可以把这个灯谜撕下来，把这张条送到服务处，然后把对应的答案说出来。对着答案的序号，工作人员就会核对，如果错了，灯谜条就会放回原处，如果对了，就可以领奖品。

今年元宵节，我们北京的一家人就是一起吃饭、看晚会；而三亚的一家人却是这样的：8号我们回到北京，昨天金大豆也回到哈尔滨，姥姥姥爷在元宵节这个时间节点终于可以好好休息，虽然他们讲究团聚，但是老两口自己过也着实不错。

元宵节之际，我要祝大家元宵节快乐，元宵黏黏的、大大的，这不正是团团圆圆的象征吗？一家人可以在一起，这才是人生中最美好的一幕，祝大家元宵节快乐！

2022年2月16日

第一次现场听相声

昨天下午，爸爸带我去了位于大栅栏的德云社三庆园听相声。虽然昨天上场的相声演员没有什么知名度，但是这毕竟是我第一次坐在现场听相声，能坐在现场、能够看到演员，还能够和大家一起互动，认真地听、开心地笑……我对这一次体验很满意，也对一场完整的相声表演有了更深的认识，在现场听到的相声感觉确实比在手机里面听到的要强很多。如果有机会，如果可以多花一点钱，希望可以听到一场更好的相声演出。昨天的第一次现场听相声，真是收获颇丰啊！

相声是一种将戏曲和语言结合在一起的表演方式，一般分为单口相声和双口相声，说白了就是一个人或者两个人聊天，尽量让自己的语言更加富有特点，这样就可以让观众更开心。一般相声说得好的，像郭德纲、于谦等都会唱大戏。

以前听相声，我没有去过现场，只是用手机里的软件打开相声专辑，一个又一个循环地听，光听声音，见不到真人，就这么日复一日听下去，我觉得很无聊。终于在这个假期临近尾声的时候，老爸突然告诉我说花了300块钱买了两张德云社的票，爷俩儿一起去体验一把。原来，老爸也没去过现场，这下我平衡多了。

昨天是元宵节，中午和爷爷奶奶在家吃了一顿美味的山西饭，还是老爸主厨，然后爷俩儿开开心心地穿过前门大街，来到大栅栏。三庆园就在这条街上，虽然我们走错了一次，但是依旧在两点开场之前顺利坐到了属于我们自己的位置上。演出的节目在我看来还是挺精彩的。按照常规，一般的演出越往后节目就会越精彩，也就是我们常说的"压轴儿"，所以在这里我就来说一说昨天六个节目中的最后一个。相声描述的是这样一个故事：从前有一个慢慢腾腾的张三，无意中当上了当铺的三柜。一个乐师来当东西，从铜锣、皮鼓到大镲，张三不识货又叫不出名字，于是自己起名铜草帽、洗脸盆等，让人啼笑皆非。经过相声演员小龙和搭档的精彩演出，我笑得前仰后合，很是开心！昨天的六个节目，虽然出现了报幕错误和演员口误的情况，但是整体感觉不错。我认为，一个优秀的相声作品，不仅仅要有好的脚本，演员的素质和水平更为重要。这其中更离不开演员日复一日的训练和他们付出的辛苦努力。寒假之前的班级联欢会，刘泊宇就邀请我和他说了一段相声，虽然没有合练时间，但是作为捧哏的我还是兢兢业业，认真准备，演出效果也不错。

这次现场听相声的感觉真不错，希望有一天我也能站上相声舞台！

2022年2月17日

科技馆活动

今天,作为中国科技馆的小小志愿者,我又回到久违的"主场",在老师的带领下参观了最新的展览。进入中国科技馆,我非常开心。今天的活动,我们一共参观了两个展览,一个是主展厅:人工智能D展厅,另一个就是短期建设的"冬梦飞扬"冬奥主题展厅。在这两个不大的展览之中,却有好多体验项目,比如说冰壶、和机器人比投篮等,很有趣!如果有机会,我还会再来。

我是中国科技馆的小小志愿者,在培训的时候,老师就和我们说过,如果将来有什么活动,一定会优先考虑我们这些志愿者。这不,科技馆近期又布置了几个新馆,第一时间就召集了全体小志愿者来参观和体验。我和爸爸7点起床,9点20分我们到达目的地,进入报告厅签到、找座位……还是那一套特别熟悉的流程。9点40分,活动按时开始。

下面,我说一说这两个展厅以及我比较喜欢的展项。第一站,我们来到冬奥主题的短期展厅"冬奥飞扬",这个主题就是在冬奥会期间的一个临时展览。因为是在科技馆内布置,所以展览对历史的介绍不至于那么详细,重点是对冬奥会背后的黑科技做详细介绍。作为一个小运动迷,我对那些科学的问题不感兴趣。说句实话,在老师讲解时,我一直左顾右盼,寻找着自己喜欢的项目,不过老师介绍的有些原理还是挺神奇的。第二站,老师带着我们来到了付费的主展厅:AI展区,这是我最喜欢的。这里有我喜欢的很多项目,其中和机器人投篮比赛特别有意思，我和机器人轮流投篮，紧张地进行比赛，结果显而易见，一定是我赢！

活动结束之后，征得爸爸同意，我再次回到智能区域，再和ROBOT较量一把，可是人太多了，施展不开身手的我铩羽而归！然后，我又带爸爸来到短期展厅体验冰壶活动，看到那么多人输给机器，我和爸爸也一试身手，父子同心、其利断金，在众目睽睽之下，团结的父子俩成功胜出，感觉真好！

这次的科技馆之行，我学到了东西，也玩得特别开心，希望下次还可以再来参加其他活动，同时也希望有机会可以作为志愿者给大家讲解一次。我感觉最大的好处就是第一不用买票，第二可以涨见识、学知识。

今天老爸骑电瓶车30多公里往返接送我，感觉就是冷啊，生活不易！

2022年 3月 4日

姥爷的生日

3月4日，是我最亲爱的姥爷的生日！时间一分一秒过去了，人生的进度条也在飞速地旋转着，不经意间，老爷的双鬓已经斑白，满嘴的牙也已经变成了假牙。今年他69岁了，但是仍然在为这个家倾其所有。在姥爷69岁生日之际，我仅代表自己和金大豆、帅帅、小山竹祝姥爷生日快乐。没准儿，姥爷此刻正在和朋友们吃饭，共度这段欢乐的时光。

过完这个生日，他就69岁了，我不由地感叹，时间过得可真是太快了。姥爷的身体虽然不是特别好，但是对孩子却永远有着一片爱心和耐心。我在三亚的时候，他经常会趁爸爸不注意给我买一些好吃的冰激凌、巧克力，还有玩具，想要买什么、想要吃什么，一切都可以。而且姥爷的厨艺非常棒，比如说炒四季豆和扣肉，真的是太美味了！我爱姥爷。

首先我来推测一下姥爷的生日是怎么过的？姥爷总觉得过一次生日就等于少了一次，所以他并不希望自己的生日过得太过正式。在三亚，姥姥姥爷一定会和好朋友聚一下，姥爷过生日，刘晓姥爷、蒋姥姥都会来请客吃饭，回家之后姥爷肯定会喝个酩酊大醉，但是会很开心。然后我要来谈一谈我对姥爷的祝福，祝姥爷福如东海，寿比南山，吉祥如意，阖家欢乐，永远幸福。

今年老爷的生日还有一个特殊的意义，那就是今天是农历二月初二龙抬头的日子，不知道大家有没有吃米饭、面条（龙须）、饺子（龙鳞）或者去理发呢？龙抬头还有一些美好的寓意，比如说龙抬头，大家都会有好运气；一年万物复苏，开始农耕的好景象。

在我的生命中，姥爷扮演着非常重要的角色。每年爸爸带我去哈尔滨和三亚的时候，姥爷总是会坐在汽车的主驾驶位上迎接我，让我心里特别温暖。回家之后桌上总会有一桌热乎乎的饭菜，姥爷不吃，但是看到我们狼吞虎咽的样子，他心里比自己吃还开心。每年我过生日，姥姥姥爷都会来北京看我，姥爷也总是给我买好多礼物，对我真的是太好了。

姥爷今天过69岁生日，虽然我不能去三亚给姥爷庆生，但是我还是要给他送上我最真挚的祝福。

少年追梦记

时光雕琢

2021年6月25日

令我不开心的一件事

  酸、甜、苦、辣、咸可以在各个方面体现，苦和辣是我们经常遇到的。有一些事情令我们非常开心，但是也有一些让我们生气的事情。不管多么乐观向上的人，都会感觉到一些压力，每个人都一样。其实，处处不顺心也是很正常的，我们需要压力去激励我们奋发图强。

  压力，是一种必不可少的东西。有了压力，才可以使人进步。有的时候，压力大了会释放出来，会让我们的心里感到十分舒服。压力也可以理解为不开心的事情，有时小、有时大。我们要学会利用好缓解压力的方法，才能够有效地帮助我们。

  从上小学开始，父母每天都会给我布置数量可观的家庭作业，随着年龄的增长，家庭作业的数量也大幅上升。以前的我写完作业能有大把时间玩耍，现在时间已经很晚了，我的家庭作业还没有完成。我只好蜷缩在自己的小房间里，听着外面的动静，每当传来孩子们呼喊的声音，我就不由自主地向楼下投去羡慕的目光。我想什么时候才能和他们一起玩啊！就这样，一天又一天，一年又一年。

  令我感到不高兴的，就是今天晚上关于写作业的一件事情。事情的经过是这样的：今天又是充实的一天。上午游泳，中午和张祎晨、蒋成骏两家吃饭，下午去打卡长安街十个国庆花坛。现在已经是晚上六点半了，在小区院子里，朋友们正在开心地玩耍着。可惜的是，我还在家里写作业。我登上窗台，向下俯瞰，他们你追我赶，快活极了。我也是一个贪玩的男孩子，我多想和他们一起玩耍啊。我想：爸爸对我的要求实在是太高了。我不想写家庭作业了。哎，我什么时候才可以下楼玩一会儿啊。哪怕 10 分钟也行。冲动使我差点去找爸爸理论。心情好不容易平复了下来，外面又传来一阵开心的笑声，我实在是不想写了。但是，心中的另一个声音告诉我不要灰心，你可以的，坚持一下，写完作业一定能下楼玩。第三次听到他们的欢笑声，我竟然忍住了。此刻，踏踏实实写作业的我就是为了能下楼玩儿一会儿。希望通过我刻苦学习，写完作业，换来下楼玩的机会。

　　通过这件事，我突然觉得自己瞬间长大了，像一个明白事实、懂事的孩子，遇到诱惑，学会坚持。我们要学会利用心中的光亮照明我们前进的道路，带着我走过一座又一座大山、一条又一条大河，直达这场旅行的终点！

2021 年 7 月 3 日　　　　　

期待的暑假

　　小学的六年注定是很开心的，不仅仅每个周末都可以休息，也有寒假和暑假两个假期。一个学期的时间看似很长也很快，一眨眼，期待已久的假期就要来了，当然，每个人的假期里安排也是截然不同的。

假期这个词的概念在每个同学眼中都不一样，因此，"假期"就成了一个抽象的词。经过我总结，假期一般会有三种模式：第一，学习的假期。在我们班里，学霸的假期当然就是继续复习旧知识，也会预习下个学期的知识。第二，旅游型假期。旅游是每个人都喜欢做的事情，有一群人，他们每到假期都会出门旅游。第三，就是我这样的运动假期，作为一个喜爱运动的小伙子，我相信生命在于运动，所以在我的假期生活中，运动是必不可少的。

　　现在正是期末冲刺阶段，我正待在家里复习，可是对假期的渴望打断了我的复习节奏。算了，不复习了，还是想想这个假期我的安排吧。这个假期，在做别的事情之前，爸爸将会带我和朋友去西部地区转 10 天，在那里我们会感受到跟北京不一样的风景。虽然我正在做作业的海洋中"遨游"，但是我已对充满未知的西部之行感到无比激动。从西部回来之后，我们的假期才刚刚开始。被足球教练看中的我应邀于 7 月下旬参加东城区的足球集训，作为代表史家小学高年级去参加集训的后卫，我心中无比开心、骄傲以及自豪，这次活动其实是一个夏令营，是一个锻炼自我的好机会，现在爸爸妈妈都在锻炼我的自理能力，好让我在假期中有更好的表现。

　　你可别以为我的假期就是这样的，假期的后半部分我会更加忙碌，为什么这样说呢？是因为在假期的后半部分，我的训练强度肯定会更大。8 月上旬有校队足球集训，8 月下旬羽毛球训练营开始，这是多么充实的假期啊！回到现如今，如果想让这个假期过得充实，必须战胜期末考试，如果考试的成绩让家长满意，这个假期注定是一个快乐的假期，反之，就会是一个枯燥无味的假期。

　　我一定好好迎接期末考试，用最好的状态迎接这个假期。

2021年7月10日

我心中的美味佳肴

我认为人的五大本能是吃、喝、拉、撒、睡。有了这五样，简单的生活也变得丰富多彩，通过仔细阅读这五个字，并理解其中的含义，我发现在这五个字中"吃"永远排在第一位，所以在我们的生活中，吃是最重要的。有一句老话说得好"民以食为天"，说明吃对我们很重要。我们每个人一天都要吃三顿饭，每顿饭都要吃好。我们掌握了先进的做饭技术，所以一日三餐都会有各种美味的食物，当然了，这些食物中有我特别爱吃的，也有我不爱吃的。

我是一个见吃眼开的小胖子，各种好吃的都能使我开心。我最爱吃这些食物：一是锅巴土豆。锅巴土豆是我心中真正的美味佳肴，众所周知，我是一个重口味。辣对我来说实在是太美味了，川菜是我的最爱，在一次偶然的机会中，我去吃了"付小姐在成都"，也第一次品尝到了锅巴土豆，它颜色黄里透红，一看就非常辣，我的好奇心使我拿起筷子，夹了一块放到嘴里，刚刚入嘴就感到外酥里嫩，真好吃，而且一吃就停不下来，在这之后，我就越来越喜欢吃美味的锅巴土豆了。二是汉堡。爱吃汉堡的人大多数是小孩儿或者小胖子，我就是这种人。小时候，家人在无意中给我吃了一次汉堡，那时候的我特别贪吃，一见到新鲜的东西就狼吞虎咽往嘴里送，汉堡是上下两片儿面包，中间有蔬菜和肉，一口咬下去再配上酱，实在是太美味了。等我长大了才知道，汉堡虽然可吃，可是吃多了对身体实在是不好，所以我尽量控制自己不吃垃圾食品。三是鱼香肉丝。鱼香肉丝是川菜的代表之一，我个人认为鱼香肉丝是一个营养品，虽然很辣，但是里面的食材特别丰富，有木耳、莴笋等，也配有 60% 以上的肉丝，味道鲜美。

我们北京是一座历史非常悠久的古城，随着北京一个一个朝代更替，北京的美食也越来越多。走在北京的街头。一串冰糖葫芦，那浓郁的甜味，会让你忘记工作、学业和家庭中的烦恼，瞬间感受到无限欢乐。在商场里走一走、逛一逛，感受一下购物气氛，再到开放的胡同里转一转，找一家饭店去吃一吃北京烤鸭和炸酱面，体会一下北京美食的魅力，你一定会流连忘返。

要说起健康饮食，就是早餐吃饱，中午吃好，晚上吃少，保证营养均衡。我们要健康饮食，做一个健康的人。

2021年 7月 11日

阿根廷夺冠

今年是 2021 年，再过一年，2022 年的卡塔尔世界杯就要正式开幕了。为了选出参加 2022 年世界杯的 32 支球队，七大洲都在开展国家队的杯赛活动。我知道的杯赛有我们中国国足所在的亚洲杯，所有人都在关注的欧洲杯以及巴西、阿根廷和乌拉圭等强队所在的美洲杯。亚洲杯一般在傍晚比赛，欧洲杯在夜晚比赛，美洲杯则在白天比赛。今天早上我打着哈欠，从小屋里走出来，吃过早餐，我坐在电视机旁，"怎么会有美洲杯的比赛呢？"我好奇地问道。"任何一个洲都会有洲际比赛，没准你错过了观看美洲杯赛的时间"，爸爸分析道。"让我看一会儿，行吗？"我请求道。"好吧，好吧，你来吧"，爸爸同意了。我想，真好，可以涨见识，又可以躲作业，哈哈！

我是国安小球迷

美洲杯是美洲国家队之间互相较量的比赛，世界名队阿根廷、巴西以及乌拉圭等都是参赛队，我认为巴西一定夺冠。2021年的美洲杯决赛在今天上午举行，双方是阿根廷主场对阵巴西，这没有什么好奇的，因为巴西和阿根廷都很强。但比赛的分数可让我大吃一惊，阿根廷上半场竟然1:0领先。这记进球是这样的：阿根廷队的中后卫大脚长传，巴西队左后卫停球失误，阿根廷前锋找到机会，一顿带球之后把球分给迪玛利亚，一记空中吊射，球从守门员上方飞了过去，直接进入球网，比分变为1:0，再看一看现场的球迷，他们热泪盈眶，想着阿根廷又拿回一座属于自己的美洲杯奖杯，太高兴、太激动了，比赛结束，阿根廷时隔几十年又一次夺冠。

通过观看这场巅峰对决，让我心中一震，难道美洲国家足球的球风就真的这么差吗？我看到的是这样的：只要一过5分钟，场上就有人倒地。滑铲等犯规动作、伤害性动作在裁判眼里根本就不算什么，除非有特别大的动作才会吹犯规，但也不给黄牌，比起欧洲杯，意大利夺冠的球风差多了。

我要在这里祝贺意大利、阿根廷夺冠。

2021年7月14日

期末成绩

  今天是2021—2022年第二学期放假的日子,这次的期末考试成绩以及那四张奖状,都为我在这个学期画上了一个完美的句号,五年级下册的这一页已经翻过去了。这次期末成绩与我预料的考试成绩没有什么太大的区别,所以我和爸爸对这次的成绩都表示很满意,在考试之前,我的辛苦付出、认真学习都没有白费,在假期中我可以好好地享受了。但是取得好的学习成绩是我前进的动力,不是我骄傲的资本,我会继续好好学习、天天向上、认真锻炼,争取保持住好成绩。

  语文98分。这次语文成绩使我不敢相信,因为是我第一次语文取得全班第一、全年级能排上名的成绩,虽然在答卷子的时候感到有些题很吃力,但是都被聪明、机智的我一一化解。那天考完试,我和许多同学探讨了一下这张卷子的几处问题,我发现有一道题目,我的答案与标准答案相差很多,我非常沮丧,所以我对我这次的语文考试成绩放弃了，直到成绩出来，我才敢去问一问，令我没有想到的是，我以 98 分的成绩夺得全班第一，我表面上不动声色，其实心中已经笑开了花。

数学 100 分。这次数学考试，我依然保持着学霸的作风，这次数学的卷子看似简单，其实简单的比难的更容易出错。90 分钟的答题时间，我只用 50 分钟就做完了，剩下的 40 分钟都是用来检查的。我一直以来都保持着细心的习惯，我也相信爸爸说的"只要好好地、认认真真地检查，一定能考 100 分"。这张卷子的难度不大，所以唾手可得的 100 分不能白白浪费，果不其然，检查出错题并改正完毕，数学的 100 分也轻松拿到。

这次英语考试成绩是我三年级参加考试以来的最低成绩，也是父母最不满意的一次考试成绩。一拿到卷子，有点慌了，看着卷子上密密麻麻的英文字母和英文单词，我脑袋直发晕，我做过的期末考试真题也没有这样。做完基础题做阅读理解时，我惊掉了下巴，我心想：哇，这么多题目？这么多文章？让我怎么做？慌乱之间把卷子交了上去，结果只考 95 分也就不奇怪了吧。

我要把好的保留下来，英语弥补上，我相信自己的实力！

2021年7月30日

"小小志愿者"活动

中国科技馆是一个非常热门的打卡胜地,这里是科学知识的殿堂,是娱乐的空间,也是成长和交流的地方,今年我有幸参加了中国科技馆"小小志愿者"的选拔活动,并从3000多名候选者中脱颖而出,成为150名参加培训的小志愿者之一,现在要参加四天的岗前培训,通过岗前培训就可以正式上岗了。这是一种荣誉、责任,也是一个机会。现在,努力通过考核,正式上岗,好好讲解才是我应该努力去做的。

经过层层选拔,我有幸成为小小志愿者

这月初,科技馆组织近 3000 人的小小志愿者选拔活动,也就是面试,接到通知的时候,我正在西安,一听见这个消息,我脑袋都要炸了,因为我身在外地,无法返回北京,跟大家一样去现场面试,所以老师要求我录两段视频和一段才艺展示。虽然我不是很愿意,但是在爸爸妈妈的"逼迫"下,我也只能按照他们的意思去做,没想到的是,我根本没有发挥自己的水平好好录、好好说,但是却被选拔上了。

在这四天的培训中,在课上,我认真听讲,下课和吃饭的时候,我交到了许多好朋友,大家一起交流和玩耍。这四天的培训过程是辛苦的,早上 7 点左右起床,下午两三点钟才能回家写作业和干自己喜欢做的事儿,但是生活是充实的。每天早上科技馆门口总会排起长长的大队,9 点开始放放行。来到 118 报告厅按要求签到,来早了还能看《榕哥烙科》节目。上午一般有两节课,时长一小时左右,不是展品学习就是服务讲解,吃完午饭,有半个小时到一个小时的时间去观看动画片,虽然这部片子到现在还没有放完,但是每个同学都从中体会到了乐趣,下午一节课外加一节 20 分钟的小兴趣课,愉快的一天就这样结束了。虽然今天因为下雨没有进行结业考核,但我们依然期待。

这几天的培训和未来可以参加的志愿者服务,帮助我勇敢地抬起头,敢于在众人面前张口讲解,性格更加开朗。"机不可失,时不再来"以及"人外有人",这两个关键词都是我的感受。

我喜欢当一名志愿者,我也非常喜欢这个活动!

2021年7月31日

我的7月

今天是7月31日,还有十多个小时,2021年日历上的7月就会被翻过去。时间虽然已被定格,永不磨灭的却是满满的回忆。7月,是一个金黄的月份;7月,是充满了期待色彩的月份;7月,是回忆满满的月份;7月,也是我喜欢的月份;经过备战、备考和考试,我也为我喜欢的7月一笔笔地添彩。

关于这个7月的总结,我分成几个部分:一是备考。考试就是这个7月中最重要的一部分,也就是决定我整个假期命运的关键,依靠认真复习,并且发挥自己最好的水平才是考好的方法,经过认真准备和考试前的认真复习,这次期末考试,我以语文98分、数学100分、英语95分的优异成绩,得到爸爸的赞许以及一个假期的休息、玩耍时间。二是第一次出行。月初我们终于出去玩了,地点是陕西西安、甘肃兰州以及宁夏银川,在这短短的9天里,我们把每一天都安排得特别充实,所以我们几乎要把所到之处转遍了,可真是充实而又愉快期。三是回到北京之后的羽毛球训练。羽毛球训练才是霸王中的霸王,从中就可以看出羽毛球训练的重要性。通过假期的这几次羽毛球训练,我成功恢复了假期之前的运动状态和体能,也提高了肌肉的记忆力,我想这对我今后的羽毛球之路会有很大的帮助和影响。四是第二次出游。就是那天上午,我和爸爸来到了哈尔滨看姥姥姥爷一家人,这是7月甚至是整个假期让我最开心、最激动的一次出行。早晨9点,飞机便稳稳地停在了停机坪上,哈尔滨终于到了,微风肆意吹过我的肩头,真舒服啊!迎宾阵势让我和爸爸非常惊讶感动,姥姥、姥爷、福瑞德、胖姨和豆豆都来接机了,我在这儿真的说一句"这阵势,一定是整个机场最靓的"。五是插播一条消息:回到北京,小王干了以下事情:考音基、参加小小志愿者活动,在活动中,小王认真听讲,争取考核成功,领取工作证正式上岗。插播完毕,谢谢大家!

7月是一个丰收的月份,也是最亮眼的月份,我收获满满。7月,再见,你好,8月。

2021年8月7日

第一次做核酸检测

现在疫情肆意猖狂,疫情所到之处人心惶惶,都在为自己和家人的健康而担心,检测自己有没有感染的唯一好办法,就是核酸检测。现在非常多城市的全民都在接种新冠疫苗,并且进行核酸检测,今天在哈尔滨医大四院,按照学校的硬性要求,我进行了人生中的第一次核酸检测。以前我一直认为核酸检测非常可怕,第一,就是在测的时候,无论是鼻还是咽试的检测,都会感到非常的不舒服,第二,我害怕结果。

从暴发疫情开始,人们就在努力地想出来一个足够可以检测出是否感染的方法,在诸多方法之中,核酸检测就脱颖而出。现在全世界都在提倡进行核酸检测,检测结果为阴性,那就是正常,如果检测结果变为阳性,那就表明不健康了,需要就诊。

为什么在今天去做核酸检测呢?那是因为学校有新的规定,在8月8日24点之前,所有不在京或者离京人员必须按时返京,在当地做一次核酸检测,回到北京还要做第二次核酸检测,原本14号回京的我们把机票改到了明天早上。今天就计划到哈医大群力分院进行核酸检测,预约错了医院,我们赶紧奔新医院出发,挂好号,我的心已经提到了嗓子眼。爸爸准备先做,我总算长舒一口气,可是医生说我先挂的号,让我先做,我耷拉着头,硬着头皮坐上去。医生熟练地拿出一根不是一般长的又大又粗的棉签,他对我说:"一会儿可能有点儿痒,有点儿疼,闭着眼睛就好了。"我紧盯着他的一举一动,只见他把一次性棉签包装袋撕开,往我的鼻子里最深的位置捅了进去,痒死了!又在我的鼻子里转了三下,疼死了。终于检查结束,4~6小时之后出结果。心惊胆战的我在几小时后就收到了结果:阴性。

疫情还在猖狂,防疫不能放松。

共同防疫,从我做起

2021年8月13日

世界大象日

　　昨天是一个关于保护动物的节日,就是"世界大象日",一个大象的节日,属于它们的专场。不管是哪个国家,大象都变少了,我们应该尽自己的一份力,保护好大象的安全,同时也要保护好大象的家——大自然。

　　有的外国友人可能就会问,你们中国为大象做了什么?问这个问题,他们可就大错特错了。几个月前,发生了一件令全世界都为之惊叹的大事件。在我国的云南,有这样一群可爱至极的亚洲象,它们进行了一次长距离的迁徙,110余天,3300多公里,一路向北行进,很多天以后,头象发现自己走错了,又向南返回,还剩下8公里,他们就能回到自己的老家了。这一路上,他们成功地穿越大半个云南,没有出现任何问题,这是怎么做到的呢?原来,在这段时间,云南派出了大象保护组以及无人机侦察组,公安局、消防局、国家林业和草原局都派出了专业的叔叔阿姨帮助大象群,他们日夜守护着大象的安全。一路上,大象们走过许多村庄,在村庄里,不懂事儿的小象肆意奔跑,竟然还拆了房子,撒了玉米面,然后吃玉米,可是村民们并没有生气,相反,他们对小象非常关照。人对动物好,动物也对人好,我相信大象和小象一定不会忘记这一路上为它们默默付出的人,也不会忘记村民脸上那纯粹的灿烂笑容。

　　以前并没有大象日,也没有保护倡议的时候,大象的数量非常多,但因为人类肆意捕猎而变得越来越少甚至寥寥无几,人们把象牙和象骨做成各种工艺品、首饰,然后卖掉,看那些以自己有象牙为荣的人，是多么罪恶啊！他们与那些亲自拔出象牙并做成首饰的人有什么区别！

　　昨天是世界大象日，我们都应该为保护大象做出各种各样的贡献。我走在街上，发现家人在象牙店里，我赶紧三步并作两步，上前拉着她们就走出店，无论推销员怎么喊，也不会再把我们吸引进去，这算不算是为保护大象做贡献呢？

　　我们要保护珍惜大象这种稀有动物。

2021年8月14日

我在吃的方面自觉又主动

　　人生的路程是艰辛而又坎坷的，在这一条长达几十年的路上，你一定会有披荆斩棘、压倒困难、表现主动的那一刻，总会在一个方面自觉又主动，我呢是一个小小的吃货，不用说了，我在横线上写下了吃这个字并左涂右涂。由此可见，我对吃是主动又自觉。

　　为什么今天我日记的题目是这个呢？原来，假期的每一天，爸爸都会带着我一起听北京交通广播的一路畅通节目，节目里每天都会有一个不同的话题。昨天早上的话题是"我在什么方面自觉又主动"，这便给了我灵感，所以今天的题目我就选择这个。

大人们经常会口口相传一句话"民以食为天"。爸爸妈妈从小就教导我一日三餐要吃好,所以别人家的孩子都是家长劝着吃饭,"孩子吃一点儿吧,要不然可就不长身体了",而我呢,我的家长总是跟别人的家长说出意思相反的话,"儿子,你能不能少吃一点儿?要不是你早产瘦,现在都胖成什么样儿了?"他们又喊又叫,可是我边听他们说,边在边上偷偷地笑。这足以说明我

妈妈说我具备金牛的一大重要特质,就是一枚小吃货

在"吃"这方面的能力。上小学之后,"吃"继续做着我最好的伙伴,一日三餐加上零食,这就是我一天的标准饭量,怎么样?虽然我的胃口不是最大,但是我对"吃"的自觉性真是无人能及。虽然没有办法去体会王翰《凉州词》中"葡萄美酒夜光杯,夜饮琵琶马上催"的气派,但是在全国各地,走到哪我都不会忘记"吃"。这个假期,我和爸爸来到陕西、甘肃和宁夏,还有哈尔滨,体验当地风情的同时,我也趁爸爸在网上查资料的时候,眼珠子咕嘟咕嘟地转,"今天晚上该吃什么",脑子里全是这样的问题。因为我们结束当天行程的时候,已经是下午了,饥肠辘辘的我冲爸爸大吼道:"都2点了,还不吃午饭?"爸爸恍然大悟,赶紧走进一家烧烤店,我痛痛快快地和爸爸一起撸串儿,他说:"你小子可真是到了哪里也忘不了吃啊",我们父子俩会心地笑着。

美食才是我自觉且忘不了的大事情。

2021年10月23日

喜欢的昨天

　　昨天是充实又快乐的一天，也许因为有了姥姥姥爷的陪伴；也许我这一天中有了不小的收获；也许是这一天充实又开心。昨天也是硕果累累的一天，各种证书都来到了家里，羽毛球、游泳和小志愿者使我对之后的训练生活有了更大的信心，也希望自己在今后的生活中更加奋发向上、努力向前，让自己变得更加优秀。那一张张证书后面是我辛勤的付出与汗水。有了努力就一定有收获，我一直坚信这句话。

　　上午的事情还真是轻松，在家里吃过帕尼尼早餐后，我们就去顺义参加羽毛球业余水平的七级测试，一个小时的车程，我提心吊胆地睡了一觉。车停在旭日星晨羽毛球培训基地里，我迈步走进去，好热闹啊，观众席上全都是家长。我想：一个简简单单的小考级，用得着这么隆重吗？我的考号是四队的10号，也就是第四波的最后一个。我找了一个地方坐下，很快就轮到我了。咦，有一个测评员是赵志超叔叔啊，我心里顿时平静了下来。第一个项目是立定跳远，我深吸了一口气，尽自己最大的能力跳出去，1.5米左右，第一个项目一次就是满分，来到二号场地，是半分钟颠球，按照我的每分钟35个的速度开始，颠到八个时测试员就说满分儿。在两个项目中间是扔球，我第一次就扔了6.8米，又是一个满分到手。最后一个项目是发球，只要发进界就成功，一共有16个球，左半场8个、右半场8个，我稳重地将16个球成功发进得分区，又是满分。就这样，我以四项满分的成绩结束了测试。证书加一。

　　中午，在家里吃过炒面之后就整装待发，备战下午的小海星游泳培训学校比赛。开始检录，我报名的是10~15岁组的50米自由泳和50米蝶泳，先比的是自由泳，报名这个项目的共有8人，分为3组，我是第二组。裁判的哨声响起，我和对手们齐头并进，本来我处于领先状态，但是因为转身时有点失误，就被对手抓住机会反超了。本来我在赛前想到没有任何希望可以拿牌，可是看着我的发挥，觉得应该可以拿到铜牌。还有一个蝶泳，我一定要努力，更上一层楼。等了好久，终于到蝶泳了，三个实力选手精彩对决，经过努力我得到第二名，输第一名2秒，赢第三名4秒。站上领奖台的那一刻，我的心里百感交集。

在水中我像是一只快乐的小海豚

晚上和朋友去珠珠姨家吃饭，我们一起玩的元气骑士，好玩儿，昨天真开心啊。

2021年11月5日

分饭风波

  前天，发生了一件令我印象深刻的事情：就是我和刘泊宇一起进行了这个学期甚至有可能是六年小学生活中的第一次自己为同学们分饭。之前，我根本没有体会到分饭老师的辛苦，直到那一次和刘泊宇共同努力，为同学们把午饭分好，我才体会到老师的不易，这也是我人生中的一大进步。我感觉自己应该感谢老师，正因为分饭老师来晚了，才让我有了提高自理能力的机会。老师可真是太辛苦了，我在心里默默地想着。这次，我感受到了作为一名班干部的重大责任；感受到了老师们的辛苦；也觉得这次经历是一件美好的事情；同时，那顿平平常常的午餐，对我老说，记忆永不磨灭……

  现在是疫情期间，饭店等人员密集场所也面临这一件事：关闭。在学校，有早餐和午餐，95%以上的同学在学校就餐。早餐是学生在走廊里，由食堂工作人员分餐打饭，午餐则是在教室里，结束上午的四节课后，老师推着餐车进班，以前是由同学们自愿为大家分饭，但是因为北京现在疫情有所反弹，而我们这些小学生的个人健康防护做得不如老师那么周全，所以疫情期间学校禁止学生分饭，因此，每天都会有分饭老师（体育课杨老师）负责给我们分饭。

  这时，有人一定会问："既然学校不允许学生自己分饭，你为什么会说这次引以为荣的分饭风波呢？"好，我来讲一讲：每周除了周一，其他时间都是由体育老师来给我们班分饭，这不，前天是周三，本应该杨老师分饭，可是，最近体育老师普遍很忙，当我去找他时，他还在上课，于是，就让我和刘泊宇帮忙分饭。我俩洗好手，拿起菜勺,一切准备就绪,弓着腰准备开始,我们的分工井然有序,我负责一菜一汤,因为有功底,所以盛起来速度非常快,而且还有两个关键字,就是"稳"和"准"。刚开始感觉还可以,慢慢地,我们的额头开始冒汗。最要命的是,20分钟的时间,我们的腰越来越酸。从第一个到最后一个,终于打完了。同学们吃饭时候的纪律不好,被12班英老师批评了一通,这下彻底消停了。

通过这次帮助老师分饭、为班级同学们服务,我感受到了老师们的不易。因为要为我们分饭,老师跑上跑下,辛苦极了,我也体会到了为班集体服务的快乐。为同学们服务之后的我心情很舒畅,希望还有机会。

我非常喜欢这次分饭的经历,我还要分饭,嘿嘿嘿!

2021年 11月 13日

接种新冠疫苗

去年的早些时候,国家成功研发出了专门抵抗新冠病毒的灭活疫苗,政策也从一开始的只允许身体健康的青年人、中年人打到第二次老人可以打,再到现在,3岁至11岁的儿童也可以全面接种。可见祖国的强大和医疗卫生事业的发达。

为什么要打疫苗？随着病毒在全球的肆虐，欧洲、美国、日本等防控工作较差的地区和国家每日新增很多病例，百姓的身体和生命安全受到严重威胁，这足以说明新冠肺炎的厉害。正是因为这个原因，我们中国的科技人员日夜奋战，终于第一时间研发出了新冠疫苗并组织国人免费接种。最近，疫情再一次反弹，我们的医务工作者和科研人员继续研发，将疫苗进行改良，保证和我同龄的小朋友也可以接种，这样，就可以更大范围地构建一张免疫大网，来保障大家的安全。我积极响应国家号召，第一时间接种疫苗，也为防止疫情做出我的贡献。

　　这个周末，学校组织近千名在校学生集中进行疫苗接种。说实话，在接种之前，我真有些忐忑，紧张地在百度上搜集相关资料，做到心中有数才艰难入睡。早上和爸爸跑完步，我们按照规定时间来到接种点，第一感觉就是人真多，但是大家都有序地排队，听从工作人员的指挥，一个小时后，终于轮到我接种了。说实话，看着全副武装的医生，还真有点恐惧，撸袖子、狠狠心、闭眼睛、听天由命了……也就在这一刹那，针管突然来我身体"做客"，好在只是一瞬间，这个"访客"就走了，也就是半分钟左右的时间，疫苗打完了，再观察半个小时，就可以回家了。实话实说，打疫苗的时候确实没有什么太大的反应，可在观察的时候会感觉有一些昏沉，接种的部位有一点疼……但我一直想着：接种疫苗之后，可以降低重症风险，可以有更强的免疫力，也可以让自己和家人放心，就感觉那一丁点不适的症状也瞬间消失了。

　　现在，我们之所以有了对疫情的这样成功的控制，离不开奋战在一线的医务工作者，更离不开那些正在研发疫苗的科研人员，他们真伟大。中国的疫苗是免费的，但是美国和其他国家的疫苗不仅收费，而且价格昂贵，普通老百姓很难接种到，这也从一个方面体现了祖国的强大和身为华夏子孙的幸福。

通过今天的疫苗接种,我既为自己身为中国人而感到骄傲,又为祖国的日益强大感到自豪。

此生无悔入华夏!

2021年 11月 14日

家宴

  姥姥姥爷已经陪我将近一个月,在爸爸妈妈眼里,一个月已经不是很短的时间了。但是,在我看来,一个月一转眼就过去了,明天他们就要回哈尔滨了,我多么想在家待着,好好地哭上一场。明天中午,我们一家七口会欢聚一堂,举办一场非常隆重的家宴,来跟姥姥姥爷告别。家宴是一个美好的沟通方式,也是一种团聚,依我来看,家宴里面不仅仅是一道又一道美味可口的菜,更是家人们浓浓的亲情,在这个世界上,有什么比健康、比亲情更重要的吗?我爱参加家宴。

  先来谈一谈家宴,家宴中的"家"是指家庭之中,家人们欢聚一堂;"宴"是指大厨们展开各自的本领,当然菜肴肯定不是山珍海味,但是里面包含的全都是浓郁的亲情。家宴一般用于亲人团聚和有重要的事情商议等,家宴还有几个兄弟姐妹,分别是商务宴、答谢宴、生日宴、同学宴和升职宴等。商务宴是这些宴会之中是比较重要的，主要是为了谈合作。答谢宴与商务宴相比，一般会显得热闹，生日宴和升职宴都会弄得热热闹闹，我说这才是宴会该有的样子。

这一次为什么要设家宴呢？因为要和姥姥姥爷说再见了，他们陪了我一个月，要回家了，我非常不舍，所以今天中午会把爷爷奶奶请来，我们一家人好好吃上一顿。俗话说的好，"上车饺子，下车面"。在走之前，要吃各种各样的饺子，这一路上就会平安，下车之后要吃面，我也不知道是为什么。嘿嘿！这可能就是老祖宗为我们后代留下的一大传统。现在我们每一个人都在忙着包饺子，为中午的这顿家宴做自己的贡献。

我非常喜欢家宴，是因为家宴中的菜肴都是我特别爱吃的，而且我们一家七口终于可以欢聚一堂，体验一下什么叫作亲情，什么叫作团聚。现在我嘴里的口水已经像瀑布一般，往我的日记本上流，馋死我了，什么时候才可以吃到美味的饺子啊？

通过这篇关于家宴的日记，我有非常多的感触，首先亲情是无价的，能用钱买到的都是不值钱的，因为浓郁的亲情是无数山珍海味都换不来的；家宴也是一个让人无比开心的事情，因为老老少少欢聚一趟，共同度过这段美好的时光。

明天，姥姥姥爷就要回哈尔滨了，我的心里恋恋不舍，希望这次家宴让我们无法忘怀。好了，我现在就要去帮姥姥姥爷包饺子了。

2021年11月20日

我与羽毛球的故事

  今年已经是我接触、练习羽毛球的第四年，我非常喜欢这项运动。羽毛球是我们国家的强项，因为爸爸妈妈喜欢，所以从小我就在他们的"逼迫"下，开始接触、训练羽毛球。有这样一个地方，这里有严格而又和蔼的教练，有志同道合而又友好的同学，还有紧张而又活泼的训练氛围，这就是"旭日星空"羽毛球训练基地。在这里刻苦训练的我，球技有了飞一般的进步……在这里的几年时间，我与羽毛球也有了一段又一段故事：

  一是我与旭日星空相识。以前，我在一个相对业余的小球馆训练，进步一直不明显。因为妈妈认识玉泉营校区的教练，所以我就开始改在这里训练，我从初提班升到提高班，一两年的时间，我渐渐喜欢上这个基地，也一直认认真真训练，希望通过自己的不懈努力，可以取得更好的成绩。

  二是我与教练相处。从初提班一直到提高班，我接触了两个教练，他们是孙教练和张教练，他们在训练中帮助我，让我的水平更快提高；在生活中教育我，让我更加自律的同时也对羽毛球有了更浓厚的兴趣……虽然有时候我会"痛恨"他们，因为他们的训练强度特别大，训练特别狠，体能、多球、素质、往返跑和比赛，也正是因为这样"度日如年"的科学训练，才让我的体能更充沛，技术更高超。

  三是我的训练故事。每一天的训练生活，都有很多故事耐人寻味而又让人记忆犹新。记得还在初提班的时候，孙教练让我们课后跳600个双摇跳绳，我累的实在不行了，看到孙教练没有盯着我，就有了偷懒的想法，先是快速跳了几个，然后就说已经完成，就想离开……让我意想不到的是，不动声色的孙教练早就识破了我的诡计，于是给我测了一个40秒双摇，才80个，我只好红着脸，乖乖地重新跳了。挺有趣的一段回忆，但是会时常提醒我要对自己负责，要言行一致，更要不懈努力。

四是羽毛球带给我的改变。羽毛球是一项竞技运动，每一场比赛只能有一个冠军，所以必须靠自己的努力和拼搏。通过接触羽毛球，我懂得干任何事情都要有拼搏精神，只有顽强拼搏才可能取得成功。以前的我，做什么事儿都会半途而废，刚开始就想着结束；现在的我，不论前方有多少艰难险阻，我都会努力坚持，战斗到底。总而言之，有了羽毛球，我的生活也有了巨大的改变。现在的我已经热爱上了羽毛球，我喜欢打羽毛球时那一滴一滴的汗水；我享受进攻时那野性的爆发……

我非常喜欢羽毛球，更喜欢旭日星空羽毛球俱乐部和那里的教练。祝旭日星空20岁生日快乐！

穿着妈妈的战服上球场

2021年11月28日

我有一副别人羡慕的好体格

　　一个人的理想或者目标到底是什么？因人而异，每个人都不一样。我有这样一个看法，那就是：有时候钱是一堆废纸，对人一点儿帮助也没有；有时候有权有势也没有什么太大的用处……我认为最有用的，也让我无比骄傲的，就是我有着常人没有的好体格。别看我不瘦，可是身上的肉很硬，有着"铜金刚铁罗汉"般的体格，这是我长期运动自然形成的。以后，我也要继续努力，不仅仅要把好体格保持下去，还要让身边的人和我一样，都有健康的体格，让每个人的身体都好起来。

　　首先让我们来了解一下什么是体格。体格的近义词有许多，如体质、体型等，这些词的共同点就是用来形容一个人身体是否健康，一个人的体质到底怎么样？它体现在以下几个方面，第一是体能，一个人体质越强，体能一般越强。长跑是一项以锻炼体能为主的运动，我一直在很好地坚持着。第二是强壮，一般有着令人羡慕体格的人，不是瘦子，反而应该是黝黑强壮，有一身肌肉……总之，拥有好体格，绝对是令人羡慕的。

　　下面我就来说一说好体格与差体质之间的区别。第一条是体现在跑步上：有的人跑十几公里，大气都不喘，而有的人刚刚跑几十米就累到不行，这就是最大的区别。第二条是力量上的差别：体质好的人，可以搬沉重的物品，体质虚弱的人则可能什么忙也帮不上。第三条是身体健康：体质越好的人，身体就越健康，而体质虚弱的人，身体不好，还经常会生病。

我虽然不瘦，可不是那种虚胖，我身体倍儿棒，周末和爸爸可以一起去跑5公里，每周还会进行球类运动的训练等，我现在虽然有些小胖，但是却有着非常强健的体格，肌肉发达，特别是腿部，耐力跑和干重活儿，全部都是我的强项。

我的好体格是这样锻炼出来的。因为我天生肺活量差，所以爸爸就让我每周进行耐力跑训练，从每次1公里、3公里慢慢拉到5公里，最长跑过将近10公里，第二，我酷爱球类运动，感谢它们成就了我腿部与上身的肌肉。第三，爷爷偶尔会指导我进行一些小的力量训练，这也促进了我的体质发展。

通过这篇日记我悟出一个道理：好体质是经过锻炼得来的，要想有好的成绩也需要锻炼，而且必须刻苦锻炼。

减肥是我的下一步计划！

2021年 11月 29日

我和老爸"救火"

火灾，是一种非常严重的灾害，每一年都会有很多起火灾威胁人类的生命以及财产安全。昨天，好朋友张祎晨邀请我去他们家玩儿，刚到他们家楼下，突然发现浓烟滚滚，只见不远处有一团熊熊燃烧的烈火，一会儿像火蛇一样肆意随风摆动；一会儿又像火球一样上下左右肆虐。要不是爸爸看见之后及时伸出援手，利用手提灭火器把火扑灭，说一定会慢慢燃烧起来并四处蔓延，最后很可能会在一定范围内产生毒气，给居民造成严重的危害。从这件事中，我懂得了消防员的伟大和火灾的危险。

事情的经过是这样的：周日上午10点左右，我们驱车前往张祎晨家做客。停好车，在小区步行的时候，我突然发现前面花园的椅子位置燃起了熊熊烈火，更可怕的是，周围的居民不但不慌张，反而有说有笑，像是在看热闹似的，还有一些人若无其事地从边儿上经过，还在谈笑风生……可想而知，如果这是一场烧在楼房之中的大火，那伤员该有多少啊？作为一名已经退伍的消防员，爸爸立刻奋不顾身开展他熟悉的工作。

爸爸接过物业人员递来的灭火器，非常熟练地进行规定动作，只见他拔出插销，然后将灭火器对准火焰底部喷射，紧跟着一条白色的大蛇，摇头晃脑地扑向火焰，两个家伙立马就开始打了起来，很快火焰战败，但是它还是不服气。于是，和其他火灾现场一模一样，有毒气味和浓烟便又出来了……正当我替爸爸捏一把汗的时候，从浓浓的气体中走出一个人，正是老爸，我和他会心一笑，也许这就是一个平凡人做出贡献之后的态度。

回想这次火灾，有以下几点让我特别害怕：首先就是居民的防火意识太差了，他们没有把发生火灾当作灾害，更没有看到它的危害，而是把它看作一个笑话。可是真正的火灾发生时，这些人又会怎么做呢？第二就是火灾隐患和滚滚的浓烟。一个小小的烟头，看似不起眼，但是与我们身边的易燃物纯属臭味相投，可以一起点燃物品，一起摧毁老百姓的心理，而且火灾中的浓烟也没有我们想象的那么简单，区区一把小火所产生的浓烟就足以让我们窒息，几秒钟就可以把人熏倒，太恐怖了！

我同时也有了一些感触：消防员这个职业是伟大的，每一个消防员都在尽自己的努力，用他们庞大的身躯来守护一方平安。
　　爸爸特别伟大、特别勇敢，我要向爸爸和消防员致敬，向他们学习。

2021年12月2日

我帮妈妈干活

　　一个人这一生，注定都是父母的儿女。从我们出生那一刻，我们就有义务去帮助大人干活，因为我们的父母已经陪伴了我们很多年，随着时间流逝，他们的身体也一天不如一天，我们是不是应该为他们做一些力所能及的事情呢？最近，因为大兴的大房子刚装修完，还有一些日常必需品没有到位，所以昨天晚上我和妈妈一起合作，非常成功地把纸巾、拖把等新家需要的全部物品都运到了车上，再回到家时，我的后背已经几乎全部湿透，四肢乏力，似乎要晕厥一般。通过这一次帮助妈妈干活，我懂得了大人的辛苦和生活的不易。以后，我一定要多帮妈妈干活，分担她身上的压力。
　　大兴是一个很好的地方，我们家在那里有一套新房子，由于花重金装修，所以时间比较长，也就没有来得及运送生活用品。明天下午妈妈又要去新房子看看,就想顺路把网上买的纸巾、拖把和其他有用的东西都送过去。于是,昨天晚上,我和老妈从家到地库,上上下下跑了好几趟,终于成功地完成任务。

　　昨天晚上,跳完绳之后,我和妈妈穿好外套,活动一下身子,整装待发。本来我以为只用一次就可以把全部东西运完,但是我想多了。第一趟:这一次是一箱小零碎,虽然有满满一大箱,但是搬运非常轻松,我一点儿感觉都没有,就像拎着一团大棉花。正当我得意洋洋,嘴里哼着小调,准备快速完成这个轻松任务的时候,老妈非常成功地送给我一份大礼:满满一箱子的拖把,我瞬间傻眼,你可千万不要看箱子轻,但体积也太大了,我抱着箱子,费尽九牛二虎之力才将这个庞然大物制服。好不容易搞定,我赶紧问妈妈:"一会儿还有第三次吗?"她的回答好似"旱天雷",这回是洗涤灵和纸巾,更沉。刚刚拎出家门,我的小手已经红了。完成任务回到家,我一屁股瘫坐在床上……

　　除了帮女同志干力气活,我也帮助家人扫地、拖地、擦桌子、洗碗。通过这几年连续不断地帮家人干家务,不仅提高了我的自理能力,也使我懂得大人的艰辛和不易。家人们工作还那么辛苦,所以我们更要懂得体贴大人,做合格儿女。在家里,我虽然是小孩,但是现在可以帮助大人,感觉很幸福。想到这里,心里顿时有了一丝骄傲。

2021年12月4日

爸爸过生日了

在我的人生当中，有这样一个人，他愿意为我付出一切，还一直陪在我身边，没错，他就是我最亲爱的老爸。光阴似箭，日月如梭，看着老爸已经43岁的面容，我的心里别提多难受了。今天是老爸的43岁生日，我要祝爸爸福如东海、寿比南山，万事如意！从今往后，我一定要尽自己所能，和老爸在一起，把我们老王家做兴旺。

爸爸年轻时非常帅气英俊，简直就是一个无拘无束的小伙子。虽然爸爸的年龄在一岁一岁地增加，但是在我的心目中，爸爸一直是一个高大魁梧的形象。他是一个大帅哥儿，五官异常端正，让人看了之后感到无比的威严，个头才是最让人注目的，他有着1.9米的身高。为了显年轻，爸爸头上一根头发也没有，如果让我说就是一个光头小伙子。他的脾气不好，但是有意识在控制。我想到一句古诗"但愿人长久"，希望爸爸可以更好地爱护身体，这样就可以多陪我好多年了。

爸爸不喜欢什么花里胡哨的东西，所以每年过节日，爸爸过的都很朴素，这也是我最欣赏爸爸的一点。去年老爸的生日是在万龙洲海鲜城度过的，那天晚上月色正美，我们一家三口和亲爱的爷爷奶奶一起享受美食和表达对爸爸的祝福。一家人其乐融融，多么和谐美好的一幕啊！因为精力与能力有限，去年我为爸爸精心制作了一张好看的小贺卡，虽然画的东西并不完美，写的字迹也比较潦草，但是这毕竟是我满满的心意和祝福啊。今年老爸的生日格外不同，中午邀请猫咪姐姐一起来家里做客，寿星马上变成大厨，为我们几个人献上了一桌美食盛宴。随后的一个环节，就是我最喜欢的吃蛋糕，一个香芋蛋糕，被几个大馋猫全部干掉，太爽了。晚上爸爸举行了一个小party，邀请老郑伯伯、郭非叔叔到大兴的新房子和我们一起涮火锅，我是最高兴的一个，因为我结识了一个小弟——奇多，大人们玩扑克，我们一起玩筹码，真好。直到晚上11点才散开。今年我送给爸爸一套翻页动画，希望他喜欢。

祝我最亲爱的爸爸生日快乐！

2021年12月9日

再见，跳绳

我是一个特别喜欢运动的小孩儿，从一年级开始，各个项目就都很擅长，其中最出色的就是跳绳了。我曾经也好几次利用跳绳为班级争光。四年级的时候，在同学的推荐下，妈妈给我买了超级好用的沙式跳绳，仔细想一想，这种跳绳（当然了，不是同一根，而且一根中号和一根大号）已经陪了我好几年，我很喜欢，爱不释手。几乎每次跳绳的时候，都有一根陪着我。可是因为我的一次不小心，把陪了我好久的这根跳绳弄丢了，一整天我都失魂落魄，总是感觉身边少了点什么。再见了，陪了我好几年的跳绳；再见了，让我高兴、失望、取得过两次冠军的跳绳。在这里，我想和我的小跳绳告别。希望有一天我还能找到它，见到它！

有一次跳绳比赛时，我感觉杨可欣的跳绳特别好用，妈妈便给我买了两根与她相同的，一根中号的极速版以及一根大号的极速版。我的身高在一天天增长，那一根旧的短绳也就顺理成章送给了伊伊妹妹，而那一根大的也开始启用。沙式跳绳绝对是世界上最好用的跳绳，这种跳绳是三段式的。因为我喜欢，所以选择的是一段白色、一段深蓝色以及一段浅蓝色，而且这种跳绳还特别轻，摇起来和羽毛一样舒服，还不磨手，真是太舒服了。

我的跳绳对我来说是一件非常有意义的东西，可是却因为我的一个不小心给弄丢了，现在我的鼻子突然一发酸，眼泪一滴滴地流了下来。事情的经过是这样的：那天中午，因为我们表现得不错，班主任龚老师带着我们一起在楼下跳大绳，也正好那一天就是半分钟双摇的比赛。在跳大绳的基础上，我们六个人还要进行双摇的比赛和练习，那一天我一共跳了两次双摇和一次大绳练习。因为我们的午休时间非常短，所以刚刚开始跳绳，就到了上课的时间，我随手一扔，就把跳绳遗忘在了操场上，当我再次准备捡的时候，发现已经找不到了。我特别伤心，像一只热锅上的蚂蚁，一点儿头绪也没有。我在祈祷天、祈祷地，希望可以找到跳绳。

通过这次丢跳绳，我有了很多感想：第一，需要保护好自己的东西，如果不想让自己的东西丢，必须好好保管。第二，处理事情要有方法，也要小心，丢了东西后要积极地去想办法面对。

现在我的悲愤之情油然而生，我一定要保持好状态，努力找到我最心爱的跳绳。

2021年12月11日

我受伤了

明年我就12岁了，到目前为止，我每一天的生活都是快乐、健康和舒适的，最重要的是，我每一天都会有属于自己的运动时间：打篮球、踢足球、打羽毛球、游泳……特别充实。我喜欢运动，也梦想当运动员，但这个世界上却有无数运动员因为在比赛时受伤而最终缺席比赛，甚至是提前结束自己的职业生涯。前天我也"成功"感受到了一次运动受伤的感觉：这周四，我在奥力健身打篮球的时候，一不小心，在抢篮板的时候因为太认真，就在接近球的一刹那，我的动作竟然做错了，篮球那巨大的冲击力，瞬间把我右手（也是我的主力手）的无名指挫伤了。因为我有一点儿小胖，每个手指头都很粗壮，所以即使手肿了，但是外头看一点改变都没有，但我却遭了罪，那一根指头只要一弯，惨叫声就会接连不断不由自主地从嘴里传出来。运动受伤，感觉非常不好。

之所以我会受伤，还得从我每周的游泳课说起，每个周四，我都会去奥力健身上游泳课，可是因为6点才开始上课，所以上课之前我可以去笼式篮球场打一会儿篮球。昨天上游泳课的时候，当然是快要结束的时候，偶然发现了好朋友何经伟，和老爸商量之后，我们还有40分钟可以一起玩，洗完澡，先玩儿一会儿手机，也就几分钟，然后就去打篮球了，以前我总是漫不经心地和他打比赛，今天我却想和他认真来一局。说好比赛的规则，一场扣人心弦的比赛正式开始，我想不能因为我让何经伟和二班的同学看不起十四班，终于功夫不负有心人，在我的努力下，从落后0:1到追平1:1，最后变成领先2:1，就剩一个球,我就可以步入胜利的殿堂了。在一次空篮未中之后,我便和何经纬展开了篮板对决。我个子高,有一定的优势,正当我的手快抢到篮板球的时候,动作稍微松弛,直接一下受伤了,当时我疼痛无比。只见右手的无名指瞬间比其他的兄弟姐妹们胖了三圈,这可把我疼坏了。不过有问题之后,我努力处理,还是取得不错的效果。

因为我的手受伤了,手特别疼,再加上我心情不太好,以及妈妈没有给我吃零食,就哭闹不上课,即使昨天是大机器人给我上课,我也不高兴。

通过这一次运动受伤,我有了非常多的心得,首先在运动之前要做好充分的准备活动,做好一定量的准备活动,可以有效降低受伤的概率。其次要适量运动,这样也可以减少伤害。

我们都要保护好自己,否则结果会和我一样,百害而无一益。

2021年 12月 17日

小概率事件

在我们的生活中,有 90% 以上是经常会发生的事情,可是还剩 10% 的概率,会发生小概率事件。这不,昨天,我和老爸的运气特别好,成功地"遭遇"了一系列的小概率事件。我有好运气,特别开心于这一系列听着特别有趣的事情。正是因为小概率事件的不断发生，我才成功地从"挨骂"中逃脱。通过昨天的一系列事情，我也懂得了一个道理：那就是干什么事情都必须认真，否则，小概率事件就不会发生。不过，我觉得应该感谢老爸，是他利用小概率事件让我成功"逃过一劫"，太棒了！

我先来说一说为什么会发生小概率事件以及过程。说起来可真是话长，现在我们已经在美丽的史家小学生活了六年，还有一个学期多一点，我们就要毕业了，这是一件多么庄严的事情啊！在毕业之前，每一个人都要拍毕业照，然后贴到本子上，要求穿校服拍照。可糊涂的我因为脑子里乱，竟然把这事儿给忘了，刚刚来到学校的我发现大事不妙，赶紧拿起手表电话联系老爸，过了10分钟，校服就到了我的手里。有人可能会问，小概率事件到底在哪里呢？别急，听我爸爸来讲一讲。昨天晚上下了钢琴课以后，爸爸把送衣服的整个过程给我讲了：第一个小概率事件，就是每天老爸都会看一眼我的同学群，唯独昨天他没有看，就碰巧错过了周依莹同学的提醒通知——明天穿校服。听完之后，我的眼泪都快笑出来了。第二个就是因为早起，爸爸忘了关手机，我打电话的这个时间段，本是他每一天的游泳时间，刚准备下水的时候，手机铃声突然响起，好在他没有游泳，对我来说，打电话如果早一些或者晚一些都不行，而且不开手机铃声也不行，这么多巧合就这样碰在了一起。第三个小概率的事件是最神奇的，昨天老爸刚刚抽完了9管血，非常累，所以他就没有跑步，也就不用骑车去天坛公园，当他刚刚把衣服送到我手里，回到小区的那一刻，车一格电都没有了……当然，从这些一连串的小概率事件中，又继续着第四个、第五个、第六个小概率事件。通过这一连串的小概率事件，我对生活有了新的认识，最重要的一条就是不能投机取巧，也千万不要想着小概率事件总会发生。在生活中，我们应该脚踏实地，做一个特别认真负责的人。

2022年1月19日

惊险一刻

在我们的生活中，会有水到渠成的幸福，但是也会有另一面，各种各样的痛苦：比如说丢了东西的悔恨、惊险的一刻等。昨天我就经历了一次惊险，那就是我心爱的小自行车差一点就丢了，而且这也和前天日记题目正好凑到一块儿，因为我没有好好听老爸的话，而且生活还不够自理，这也是没有好习惯的体现。这一刻真是太惊险了，如果没有老爸为我守护一个多小时，我的自行车可能就会被人偷走了。

先说说我的小自行车。这辆自行车是爸爸在我10岁生日时送给我的，据说这辆车是德国生产，造价加上运费就有5000多块钱。我对这辆自行车可谓是爱不释手，因为骑着它比马儿都快，座椅也非常舒服。每天下楼玩儿，我都会骑上它，向别的小朋友炫耀，大家看了我的新自行车都吵闹着也要买。它的能量储存很好，一共有三个大档，每个大档又有八个小档，总共有24个档位，高级吧！这辆"TRINK"牌自行车和蓝黑色的流线形结构，我非常喜欢。

为了让我自理，爸爸让我和他一起骑车去北京站上游泳课，我多愿意啊！在路上没什么可说的，很快就到了酒店门口，爸爸告诉我在车上用锁转一圈，再从电线杆左边绕进去。可是我身体里的每一根筋瞬间都向我传递出抗拒的信号，于是我把锁掰成了一条直线，往电线杆子上一扣，ok。下课之后，我发现冻的手脚冰凉的老爸在自行车边儿站着，原来近两个小时他还没有走。他说："你可以试试，只要把锁往上面一提，车就会被偷走。"我吃了一惊，为了不让我伤心，爸爸帮我看了将近两个小时的车。

通过这次经历，我懂得了几个道理，第一要听话。大人们一定比我们小孩儿有生活经验，一定要去听家长的话，这一定不会有坏处。第二，要有生活经验。如果没有生活经验，那么就一定会被社会淘汰。

下次我准备走之前，试试能不能不用任何工具把锁弄到一边，然后把车推出来，如果实在没有办法，就说明已经锁好，就不用管了。

今天下午，我还要骑车去上钢琴课，去打羽毛球，我一定要汲取教训，认真锁好车，不给小偷任何机会。

2022年 1月 24日

居家观察

今天，是值得纪念的一天。因为，就在今天，我们一家三口的居家观察生活宣告结束，这也就意味着我们的北京健康宝已经恢复正常了。还有一件事儿，那就是我可能马上就可以去三亚了。希望全国的疫情可以有效控制，可以使我第三次去三亚的计划不再泡汤。回过头来看一看居家观察的这三天，还是非常有意义的，是因为：我对自己的健康状态有了认知，让我更加兴奋的是我有了更加多的知识，因为我懂得了环境检测的流程。这三天我玩了、休息了，同时也把我的小肚子给整得舒舒服服的。

说是第一天，其实也不可以这么说，因为当天下午我气喘吁吁的，刚刚准备好第二天一早就去三亚。可是当我刚踏进家门的时候，看见地面上一片狼藉。爸爸告诉我，因为丰台区玉泉营街道有疫情，而我和妈妈在上周日去上过羽毛球课，路过玉泉营街道，所以经过大数据排查，我们母子俩需要居家观察，所以我的健康宝虽然没有变码，但是也被封锁了，三亚之旅也泡汤了，妈妈也在回家的路上。

　　从第二天开始，我也渐渐地习惯了这种生活。居家观察期间，为了安全，我不用上任何课外班儿。另外我们在家里，为了让我开心，爸爸在我写完作业之后和我打篮球，盖我几十个大帽；打乒乓球，大比分 7:0 被爸爸干掉。

　　第三天，医生上门给我们做了三天里面的第二次核酸检测。对了，忘了告诉大家，我也见识到什么才是真正的环境检测。这一天，我还拼了海格和他的猫头鹰，小老虎圣诞节限定版乐高，特别好看，而且我正在和妈妈合作拼乐高的打字机，加油。

　　今天还有一个好消息让我特别开心。现在，我们正在机场中的候机室，还有两个小时，我的飞机就要起飞了，三亚，我终于来了。

　　我喜欢这次居家生活，是因为这几天我得到了许多新东西，比如手机和手表，而且我锻炼了自己的动手能力，这才让我今天的三亚之旅更有惊喜。

　　梦里的三亚，我来了。

2022年 1月 30日

大错

昨天，我又犯了一个大错误。人的一生，犯错不可避免的。可是昨天的这个错误，让我的人生字典里失去了"孝"这个字。那是因为我用一把锤子打了最疼爱我的父亲，这是大逆不道的事情，这件事的后果非常严重，这件事情让我11年在家人眼中的好形象瞬间化为乌有；这件事情让爸爸他用将近11年的付出变得失败；另外，这件事情也让爸爸的心伤透了。我诚挚地向爸爸道歉，我也意识到了这件事情的错误之处，我错了！

截至昨天，我已经有四天没有进行游泳训练了，所以等我写完作业，爸爸就建议我去游泳，我肯定不想游啊！于是，我就在他身边磨蹭，还拿着一把小锤子，无时无刻不在挑衅。结合我这几天的表现，说脏话骂人，说话不算数，任性……忍无可忍的老爸把我拽到二楼开始进行一番教育。我急了，因为我知道用锤子打人会出人命，所以我只用了三分半的力气往爸爸的肩膀上打了一下。这一下，不仅把爸爸的肩膀打疼了，而且把他的心打碎了，我后悔不已。

这个错误是由以下几点原因造成的：第一是任性。我不应该和爸爸较劲，如果乖乖去游泳，就不会这样了。第二是不该反击并顶嘴。

改正这种问题的方法：当日事当日毕。昨天这件事情的导火索，就是我不能坚持完成作业，越拖越多，也就不想补了。就是因为游泳这件事，整整拖了四天，越拖越多，要是当天事情当天做完，就不至于发生和爸爸的冲突。

对这件事情我的解决方法是，首先我谨代表我自己向爸爸表达最真诚的歉意,然后我也和我们班的班主任龚老师通了电话,和她说明了这件事情的起因、经过和结果,并且表明了我现在的心情和后悔之意,我已经意识到了自己的错误。

现在,首先,我在这里诚挚向爸爸道歉,我不应该把当天的事情拖到以后去做,这样谁也不高兴。其实,我不应该发脾气,说一些不该说的伤感情的话。最后,我更不应该打长辈。这是大逆不道的表现。我真的错了,请爸爸原谅。

这可真是一件大错,我一定汲取教训,绝不可以有下一次了!

2022年 2月 13日

中国第四金

截至目前,中国代表团在北京冬奥会上已经获得了四块金牌。昨天,我们全家就有幸见证了中国速度滑冰运动员高亭宇的夺冠瞬间。这是中国速度的体现,致敬那些为中国运动事业付出一切的运动员们,同时也要向他们表示祝贺。高亭宇是中国人的骄傲,希望在 2026 年的米兰-科尔蒂纳丹佩佐的冬奥会上再接再厉、继续努力,再为中国的冰雪事业贡献自己的一份力。

在第六场男子速度滑冰 500 米的决赛中,中国选手高亭宇获得冠军，祝贺他。这是中国男子速度滑冰项目从0到1里程碑似的突破。在我看来，这枚金牌得的非常有价值，希望在今后的比赛中，中国健儿可以继续努力，让世界瞩目的东方更加强大。

下面我来介绍一下什么是速度滑冰以及速度滑冰和短道速滑的区别。首先就是赛道，虽然这两个项目的赛道都是椭圆形的，但是短道速滑一圈111.1米，速度滑冰一圈儿400米。其次，这两个项目的装备也不大一样。因为速度滑冰的每一组只有两个人，安全系数相对比较高一些，所以冰刀会比短道速滑长而且宽。不过这两个项目运动员的姿势大同小异。最重要的还是这两个项目的竞赛规则不一样，短道速滑是4~5个人一组同场竞技，按照成绩排出名次，并且有出场顺序之分。而速度滑冰只有两个人被分在一组，还分内道和外道，内道选手必须在赛程过半之后，并到外道，外道选手同时回到内道，比完之后，等待所有选手的成绩全部出来以后，进行最终排名。比如说一个选手目前第一，能不能最终夺冠就要看之后有没有选手能反超了。

高亭宇昨天在第七组出场，和他同组的是一名波兰选手，高亭宇虽然受了外伤，大腿拉伤，但是他没有放弃，比赛进行到一半时，已经把同组的对手远远甩到了身后，最终凭借实力成功夺冠。

我们要学习高亭宇哥哥为国争光的志气、过硬的本领以及爱国的情怀，勇夺第四枚金牌的高亭宇可真是太厉害了。今天，中国选手谷爱凌这个金牌霸主将会继续出战高山滑雪技巧赛，祝她再创佳绩。

我相信今天中国代表团一定会将新的金牌收入囊中。

2022年 2月 20日

这个寒假

  此时此刻,我的心情非常沉重和失落。今天就是这个寒假的最后一天,明天我又得重回熟悉的校园,看那一张张熟悉的面孔,做那令人厌烦的作业……这是我小学生活中的最后一个寒假,意义非凡,虽然和以前一样,我每天都会因为犯同样的错误而被批评,但是其实我身上也有很多优点,而且海南"十六日游"这个心愿也完成了,回想起来真是太美好了!我为这个寒假骄傲,我为自己骄傲,我感恩这个假期中每一天为我付出的人!

  这个寒假对我来说是意义非凡的。因为再开学的时候我就要进入六年级下学期的学习生活了,也就意味着这个寒假将是我小学生活中的最后一个寒假,所以我必须不留遗憾地为我的小学生活画上一个完美的句号。现在,如果让我形容这个假期,我会选择充实和快乐这两个词。

  进步和优点方面,虽然这个假期我还是总是不断犯错误、挨批评,但是也有一些值得我回味的地方:第一,学会了很多家务。从三亚回到北京,因为我和爸爸的私人原因,我们商量每一天都由我来拖地。仔细想一想,这个假期当中,我干过最多的家务就是拖地。挺大的家,只用5分钟,我就可以把地板全部拖完,边边角角的脏东西虽然没有擦掉,但是总体来说还可以。除了拖地,我还会洗碗、洗衣服、擦马桶,因为我的努力,大人每天的辛苦就会少一些,我也可以为大人分担一些家务,感觉挺幸福。第二,坚持运动。这个假期,我长了将近5斤肉,但是我一直在坚持运动。为了让我有更好的身体,爸爸每天带我跑步，有时2公里，有时5公里；督促我跳绳，一般是15分钟；还会陪我游泳……回到北京之后，运动量明显减少，一周只用跑一个5公里，游一个1公里，再打5~6个小时羽毛球，剩下时间我就可以随心所欲玩我最喜欢的篮球和足球了。虽然运动成绩似乎没有太大的进步，但总算咬牙坚持下来了，我认为这就不容易。

这个寒假我的缺点就是任性、说话不算数和撒谎，而且欺负小孩儿……这些问题都是比较严重的，需要一步一步慢慢地纠正。

这个寒假是快乐的。因为我没有像我的好朋友那样天天上课，而是有大把的个人时间，只要写完作业，只要是合理的，想干什么就干什么。而且我还出去旅游，和姥姥姥爷、金豆豆一起玩，实在是太开心了。

这个寒假是充实、合理的。在一个多月的生活中，每天都井井有条。此外，我和妈妈因为去玉泉营打羽毛球，被大数据的流调给监测上了，无奈居家观察，虽然那三天很难受，但是也让我明白了大数据流量筛查的重要性和有效性。

明天就要开学了，说实话我还是很难受！

2022年 2月 21日

开学第一天

今天是 2 月 21 日，返校日。就在这一天，我们又回到了久违的校园，继续过那再熟悉不过的校园生活。仿佛就在昨天，我们已经来过，一切都是那么亲切……对我来说，回到学校有喜也有忧。喜的是今天中午没带篮球的我们和九班进行了一场比赛，有球打的感觉可真是太好了，3:1 大胜的结果是给开学这一天最好的礼物。忧的是又开学了，在这个轮回当中要想再放假就得等到几个月之后了。我一定要以新气象迎接新学期。加油！

今天是开学第一天，回到明亮的教室，看到熟悉的操场和美丽的校园，我很开心。不过，我隐约也有一丝不开心，因为从踏上班车进入学校的那一刻，就意味着美好的假期已经过去，正在等待我们的，就是小学生活中的最后一个学期。在开学第一天，同学们都在展现着自己最好的状态，认真学习、运动和生活。作为一名班干部，看到这个现象，我非常开心。这一天，我经历了很多开心的事情。在这里我要祝大家在新的学期可以学有所成，快乐充实度过每一天，不给自己的小学生涯留任何遗憾。

今天让我印象最深刻的事情就是中午和九班进行的篮球比赛。一开场，对手就发起猛攻，而我们班上场的三个主力都是身强力不亏的老将，所以猛攻被一一化解。轮到我们进攻了，通过配合，我得到一个空位的机会，果断投篮，球不偏不斜进筐，还是空心，1:0，紧接着，我又和程尚东每人各拿下 1 分，比分很快被改写成了 3:0。终场前，对手抓住机会投进挽回颜面的一球，最终比分定格在 3:1，我们赢了！这场球，我的命中率在 60% 左右，在球场上如鱼得水的我就像一辆大坦克在敌群中横冲直撞，真开心！

开学了，我是开心的。因为我可以和好兄弟们见面，一起享受在篮球场上出汗的畅快感觉。在体育课上，我们还可以尽情嬉戏玩耍。我的心情同时也是沮丧的。因为在学校，我不可以像在家那样，左手一只小肥猫，右手一只棕毛狗，也不能和小朋友一起去小区里踢球……

此刻已进入新学期，祝大家进步，同样也要快乐呦！

2022年 2月 23日

充满"2"的日子

昨天是 2022 年 2 月 22 日，据说是一个 800 年不遇世界上最"2"的日子，有点意思！听我解释，这里的"2"可不是骂人的话，而是"爱"的谐音。"爱"这个字，在我们的生活中出现频率最高，比如说同学之间的爱，父母、长辈与孩子的爱，情人之间的爱等。总之，昨天是 2022 年 2 月 22 日，农历正月二十二，还是星期二，再到 22 点 22 分的时候，这么多个"2"整合在一起，意义深刻！在这里，我希望爱可以向整个世界传播，尤其是在乌克兰与俄罗斯的边境地区；让我们都拥有爱，让大家和我一样都能奉献自己的爱，让世界因为我们的爱而更加美好。

在这个特别神奇的日子,当我知道"2"这个日记题目的时候,我一惊,啊,这不是骂人吗?想到这里,我"蹭"一下子站了起来,问爸爸:"爸爸,您这题目不就是在变相骂我吗?"爸爸听了之后,笑着对我说:"傻小子,我说的这个'2',可不是何二伯伯的那个二啊。这不是骂人,而是'爱'的谐音。"就这样,满头雾水的我找到了正确的方向,从问号中艰难爬了出来。此刻,我想到了乌克兰与俄罗斯交界处发生的冲突。如果在这一天可以让双方将战火熄灭,那该有多好啊,这才是大爱!昨天是世界上800年一遇的好日子,可真是太"2"了。希望大家都可以做到心中有爱,这样这个世界一定会更加美丽、更加美好!

对家人有爱。从我出生那一刻开始,我最亲爱的爸爸和妈妈一直陪伴着我,帮助我快快长大。此外,四个老人也功不可没,所以我非常爱我的家人,尤其是姥姥。在这个世界上最充满爱的日子里,我想亲口对我亲爱的爸爸妈妈说出我对他们的感谢。

对同学有爱。到今年,同学们已经和我共度了六个春秋,当我们就要分别的时候,才发现这六年来的错误和存在的问题,希望我们可以珍惜时光、不去后悔。我最好的朋友就是张祎晨和张子儒,哦,对了,还有球友程尚东……我一定要在这最后一个学期和同学好好相处,为自己的小学生活画上一个完美的句号。

对宠物有爱。在我家里有两只小可爱,他们分别是小狗帅帅和小猫山竹。它们一个陪了我六年半,一个只陪伴了我一年,我爱我的两只小宠物。当然,作为它们的主人,它们也爱着我。

希望大家都能愉快地度过充满爱的每一天!

2022年2月25日

游泳大课

在我眼里,自己就是一个运动天才:泰拳、跳绳、游泳、踢足球、打篮球、羽毛球和乒乓球,虽不说是样样精通,但也取得了不错的成绩。特别是跳绳,在学校的运动会上,我分别取得了年级第一、第二、第三和第四的优异成绩。爸爸认为我在游泳方面也有着很好的天赋,于是他就让我坚持练习游泳,而且最近调整成跟着新教练进行大课训练,自然我也就硬着头皮上了。通过两次大课的学习,我明白了:这种上大课的方式确实对我们更好地学习游泳有一定的帮助,而且能打下更坚实的基础,最关键的是可以随时有效检验自己的训练效果和成绩。在本周二和周四的大课中,我排名第二,落后于新结识的朋友——7岁的呆呆将近10秒。于是,我下定决心,一定要通过努力超过他。

现在已经是我学习游泳这几年的第三个阶段,之前我在王教练那里上一对一的私教,因为一些原因,我放弃了这里的课程;寒假前,水平更高的秦教练在万豪酒店继续给我上一对一,虽然只持续了半个月,但是我的水平确实提高了一个档次;开学了,我接到一个不太好的消息,那就是秦教练没有时间给我上一对一的小课,他建议我去新怡家园和小朋友一起上大课。当听到这个消息时,我的脑袋嗡嗡就是两下子,眼前直冒金星,因为在我的眼里,大课就是好多小朋友在一起,接受严格而又艰苦的训练,最重要的是还要一起比赛,项目众多,我真的好害怕自己是最后一名,那就太丢脸了。带着这种担心,我参加了两次大课训练。结束之后,我感觉大课不仅有很多同学,而且还有可能成为朋友,最主要的是可以让自己能有自知之明,这样就离进步不远了。

第一次上大课:本周二,第一次踏入陌生的环境,心里还是有些忐忑不安的,先进行了热身,然后就是20×25米的打腿练习,我和贺明被分到了速度排名小组,最终我还是有惊无险地稳胜,最后一个练习就是5×200米了,按照速度出发,在自己泳道我是第一名,但和卫冕冠军呆呆还是差了将近半分钟,确实有差距啊!

第二次上大课:本周四,我第二次上大课。这次去,我已经有了一些经验,只不过这次再进行打腿训练,就变成了追逐赛,每一个人都会和最先出发的米勒比,而他则需要用自己的实力不让别人超过他,规则就是只要没人超过他,就算他赢。之后的训练任务就是50×100米和2×25米冲刺,很耗体力,但是值得一提的是,我竟然赢了排名第一的呆呆好几次,这让我非常开心。

现在我已经熟悉、适应并喜欢上大课,因为在这里可以结识许多朋友;还通过竞技让我知道了"天外有天,人外有人";同时在运动中也可以让自己更强。加油小子!

喜欢在水里的自由

2022年2月28日

开心的周末

  开学第一周的周末,我是在充实、愉快、有趣中度过的,让我记忆深刻。上周终于开学了,经过五天紧张的学习,特别是每天基本不重样的课外班,让我身心疲惫,为了让我更好地调整和适应,真正做到劳逸结合,爸爸妈妈决定周末带我去大兴的新房子玩儿,同时还允许我约好朋友一起,铁哥们儿张祎晨一家是首选。虽然我没带手机,但是能和好朋友一起打篮球、尽情吃喝、联机Switch也一样开心,而且晚上哥俩儿一起在榻榻米就寝,太舒服了!下个周末,我想约张子儒、张祎晨继续这样的生活,前提是这周的五天我必须做到严于律己、服从管理,我太难了!

  上周是开学第一周,对我来说,周末的意义是不一般的,有一个词语叫作"劳逸结合",我的理解就是需要在紧张的学习一段时间后好好休息与放松,这也和我现在的状态很契合。开学第一周,终于挺过去了,不过我还是比较适应的,我也知道:越往后学习的压力会越大,也会感觉更紧张、更劳累,所以,跟爸爸一商量,这个周末先放松一下,调整一下状态,爸爸同意了,也就有了前面所说的充实周末生活。周六上午,爸爸带我跑了一个7.5公里,中午和爷爷奶奶一起吃了火锅,然后就和路阿姨一起来到大兴的新房子。到那儿的第一件事永远是干活儿,和爸爸一起收拾屋子,通过爷俩的努力,刚才还"乌烟瘴气"的家,立刻就干净了许多,劳动之后那种"收获"的感觉真好。然后我就抱着篮球去楼下开始自娱自乐,只要我出手,就只能听到"刷刷"的空心入网声,篮球总是被投进,我又有什么办法?

等待的心情永远是焦虑的，上楼下楼三次，"盼星星盼月亮"，终于把张祎晨盼来了。于是，我们开启了娱乐模式，打篮球、打游戏、看书、侃大山……交替进行，这样，我们既进行了户外运动，又如愿以偿玩了游戏机，感觉真好！

这个周末是充实的。之所以这么说，是因为我完成了作业、做了家务、锻炼了身体，还如愿玩了游戏机，真是学习生活两不误，终于可以好好地放松一下了！

这个周末是有趣的。最大的亮点是 Switch 游戏机，在二次元世界中，我是偷天兔，张祎晨是马里奥，我们创建了一个新的游戏账号，一关一关地努力，遇到困难也不放弃，利用两人的合力完成任务，顺利过关。但是，我们还是在最后一关失败了，明明已经看到了过关旗帜，但是没有抓住机会，一不小心踩到了花毛毛身上，弹跳力减弱，不幸掉到了岩浆里。英雄的偷天兔也成了天偷兔。

这个周末是幸福的。因为在劳逸结合休息的环节中，我们喝饮料、吃零食，不亦乐乎，幸福感爆棚。

这是一个充实、有趣、幸福而又难忘的周末，感谢爸爸妈妈的付出和好哥们一家的陪伴，希望以后的每一天我都可以开开心心，也祝我和家人身体健康、永远快乐！

2022年3月2日

三好学生

  评选和被评选是人这一生中必不可少的经历。"三好学生"这个评选从一年级开始，一直到现在，每学期都进行，我都已经习以为常了。而且，每一次我都能光荣当选，而且还曾经被评选为"东城区三好生"和"北京市红领巾三星奖章"，我很骄傲！几天前，又进行了六年级上学期的三好学生评选。这一次，我没有得到满票，但是依旧无惊无险地当选了。作为一名德智体美劳全面发展的优秀少先队员，我的当选是当之无愧的。在学校中，我努力团结他人，帮助他人；在家庭中，我是爸爸妈妈的乖儿子。当然，"金无足赤，人无完人"，我身上还是有一些小毛病，希望在以后的学习和生活中，我可以积极改正。

  从小家长就教导我们，长大以后要做一个德智体美劳全面发展的好学生。"三好学生"最基本的要求就是学习好、身体好、品行好。老师告诉我们，20世纪小学生所说的三好学生，就是每班只有一到两个名额，怎么评选，其实就是老师点名谁谁当三好生，然后大家举手通过即可。这些年，随着教委公布的一条又一条规定，三好学生不再由老师指定，而是要通过同学们自主选举，选出全班人数的80%作为三好生，公平多了，所以我认为我生在这个年代是幸运的、是幸福的。我还有一个认识，那就是那些没有被评上三好的学生只是做的稍微欠缺一点，其实人人都有资格当选三好生。

  前两天，老师组织我们进行了上个学期的三好学生评选，一切都在我的意料之中，我还是可以继续高票当选。在学校，因为工作原因，我"得罪"了几个同学。评选进行中，每个同学把自己画完的选票上交,班长开始唱票,前面的每一票都有我的名字,正当我以为可以获得全票最终通过的时候,却突然有一张选票没有我的名字。我想来想去,猜到了是谁,因为我对这名同学打篮球时候的表现不太满意,所以和他发生过不少争执,他这个人心眼儿有点儿小。我猜这张票是他投的。正在我思考的时候,又有一张选票没有我的名字,而且这张选票上一个中队委也没有投,我立刻就猜出来了是谁,因为这位同学不服管理,跟班干部事事抗衡。很快,结果出来了,我真的就是跟全票当选就差两票,有点遗憾!但是回家后爸爸跟我说,投票只是一个过程,在这个过程中,要勇于看到自己的不足。回头想想,其实在我自己身上也有一些小毛病:撒谎、任性、偶尔会小心眼和不团结同学……我相信:只要能发现自己的问题,就有能力去改正它,也就有机会全票当选三好生。

三好学生不仅是荣誉,更是责任。

2022年 3月 3日

全国爱耳日

有一句老话说的好"眼睛是心灵的窗户"。当大家都在全力保护自己眼睛的时候,往往会忽视帮我们感知世界的工具——耳朵。其实,耳朵和眼睛一样重要。今天是3月3日,第23个"全国爱耳日",也是第10个"世界听力日"。为了自己的健康,我们一定要保护好自己的眼睛和耳朵。在全国爱耳日,我也号召大家一定要定期清洗耳朵,并且一定要少用耳机。只有这样,我们才会拥有一对好耳朵。

　　和眼睛一样,耳朵在我们的生活中也扮演着不可替代的角色。眼睛是心灵的窗户,但光有眼睛是不可能去聆听大自然美妙声音的,所以耳朵也是必不可少的。希望大家都能好好爱护耳朵,好好保护耳朵,让这个世界在我们这里更加美丽。

　　下面我来给大家说一说为什么会有耳聋现象的发生。第一个可能就是耳机的过度使用。连小朋友都知道的常识,那就是耳机对耳朵的伤害是非常大的。如果每周使用耳机超过40小时,如果耳机音量大于80分贝,那么耳朵就会受到伤害。第二个可能就是经常使用硬物清理耳朵。耳朵的构造和眼睛一样,都是很细致的,一环扣一环,绝对不可以出问题,硬物和耳朵是天敌,所以经常用硬物刺激耳朵,对耳朵会有特别大的伤害。所以无论如何我们都不要用硬物刺激耳朵。还有最重要的一点就是游泳之后不能够及时清理自己的耳朵。水虽然可以滋润万物,但是在另一面,不干净的水进入耳朵之后会刺激耳膜。所以千万要记住,游完泳之后,如果耳朵进水,一定要用正确的方法处理。除了以上三条,还有许多影响耳朵健康的因素,比如说擤鼻涕的时候用力过猛,就更加容易伤害耳朵。

　　今天是世界听力日,也是全国爱耳日。在这一天我们要保护好耳朵,在今后的每一天,我们都要努力为自己的好听力而奋斗。希望大家可以从小事做起,从每一条提示做起。我相信你一定会拥有一对好耳朵和一个健康的好身体。

2022年 3月 5日

冬残奥会开幕

　　3月4日，不仅仅是姥爷的生日，也是"龙抬头"的农历二月初二，还是北京第24届冬残奥会开幕的日子。在我眼里，冬残奥会和冬奥会一样精彩。昨天晚上，为了更好地融入开幕式，爸爸还带我进行了一个体验游戏，就是我们蒙上眼睛来体验盲人的生活，在跌跌撞撞中，我终于艰难地到达目的地，也感触到盲人可真是太不容易了。开幕式之后，冬残奥会的比赛就要正式拉开序幕，希望中国代表团可以像冬奥会那样精彩表现，取得佳绩。

　　残奥会其实和冬奥会差不多，只不过参加比赛的都是世界各国的残疾人运动员，一共设有六个大项和78个小项，因为是残疾人运动员参加比赛，所以项目受限，比正常人参加的冬奥会要少30多个项目。然后，我来给大家讲一讲昨天的开幕式。按照流程，各国代表团按照顺序依次入场，在意大利代表团出场之后，伴随着《歌唱祖国》那雄壮的旋律，东道主中国代表团终于出场了。虽然我很激动，但是看着运动员有的坐轮椅，有的拄拐杖，还有的相互搀扶……虽然每个人脸上都露出开心的笑容，但是我的心里还真不是滋味。就在我写这篇日记的时候，《中国之声》传来喜讯：就在刚刚结束的冬残奥会冬季两项男子6公里坐姿比赛中，中国喜得一枚金牌，太棒了！

　　昨天晚上，爸爸和我玩了一个小游戏，游戏规则是这样的：家里有一个蒸汽眼罩，把这个东西带在眼上，就什么也看不见了。然后爸爸告诉我要去的地方，并对我进行全方位的保护。家，无疑是我们每一个人最熟悉的地方，可是当戴上眼罩转了好几圈之后，我竟然连路都不会走了,这一刻,我真正感受到了盲人的不易,他们连基本的生活都不能自理,却要克服困难参加比赛,真是令人敬佩。在国际大赛中,一个又一个冬残奥会运动员奋勇拼搏、争金夺银,这不正是奥林匹克精神的体现吗?

通过观看冬残奥会开幕式,我要学习运动员们的拼搏精神,虽然身体和正常人不一样,但是他们乐观向上,用自己的力量为国争光;我还要学习运动员积极向上的精神,敢于挑战自我,勇于面对困难!

祝北京冬残奥会成功,祝中国健儿凯旋!

我幸运生长在美丽的"双奥之城"

少年追梦记

四季风物

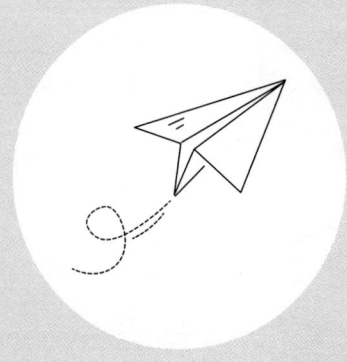

2021年6月26日

十个花坛

几天之后，将会迎来一个重要的节日：七一，建党节。今年是中国共产党成立的一百周年，习近平爷爷让我们这些祖国的花朵从小立志向、修品行、学本领。在建党一百周年来临之际，我们青少年送给祖国母亲的礼物就是：认真学习党史、传承红色基因。当然，我们国家的14亿人口已经准备好为共产党母亲过生日了。北京送给共产党母亲的实体礼物就是长安街上的十个花坛。今天下午，我们父子俩花了三个小时骑车在长安街上游览一圈并打卡了这十个花坛。这十个花坛都是人工制造的，十个花坛的造型各异，每个花坛的含义都不相同，而且，每个花坛都讲述了一个故事。

在骑行了30多公里后，我和爸爸到达长安街，从东头骑到西头，再从西头回到东头。我们父子俩可真是累坏了。回到家里，躺在床上直喘粗气。

我对这些花坛中的"建军大业""建国伟业""人民至上""走向世界"和"开天辟地"这五个花坛印象最深。"建军大业"这个花坛的造型是我最佩服的，后面有一座南昌起义指挥部旧址——江西大旅社，前面是拿着枪的几名起义军，形态各异，它向我们讲述的是八一南昌起义的故事，正是因为这次起义，才创建了人民军队，同时也巩固了共产党的政权。"建国伟业"这个花坛使我十分震撼，花坛通过烟花、簇拥的花朵等把国人心中的激动表现得淋漓尽致。不用说，这个花坛讲述的就是1949年的建国伟业，让国人从此站起来了，是多么的重要啊！"人民至上"花坛：习爷爷的治国方针中最重要的一条就是人民至上。只有依靠人民，这个国家才能稳定，花坛上是各行各业为人民服务的人，彰显着共产党人民至上的理念。看完这个花坛，我由衷地感谢为人民谋幸福的劳动者们。"开天辟地"花坛：1921年中国共产党的成立离不开南湖的游船，你看，在花坛上，红船、一大会址等都在上面，生动形象，栩栩如生。我们要感谢共产党为人民做出的无私奉献。"走向世界"花坛：众所周知，2022年，冬奥会将在我们的北京举办，北京也成为第一个既举办过夏季也举办过冬季奥运会的"双奥之城"。看冰丝带和冰墩墩、雪容融，多可爱啊，它们是北京的代表、北京的骄傲，我们期待2022！

朋友，来北京看一看吧！

2021年6月29日

帅帅腿疼

帅帅是我们家已经养了四年的小狗，我们一点一点地看着它长大、细心地照顾它。帅帅也会有不舒服的时候，不过没关系，我和爸爸一定会想办法知道帅帅怎么了以及该怎么样照顾它，让它尽快恢复起来。

在我们家里，帅帅是最活跃的一个，不管什么人走进来，帅帅都会抱着他的腿亲热，不管是谁坐在沙发上，帅帅都会一溜烟地跑过去完成纵身一跃，跳到沙发上与他亲热。总而言之，帅帅的用腿量很大，所以，帅帅的腿很可能受伤。

就在最近几天，有一次我下课回家，帅帅不像以前那样扑过来和我亲热了，而是用三条腿走了过来，我非常疑惑。进到屋里，爸爸就把那天的事情给我讲了：爸爸和爷爷正在遛帅帅，走着走着，帅帅的腿就不大正常了，回家之后，帅帅也不跑了，也不像以前那样活泼了。我们决定不让帅帅跑来跑去，让它好好休息一下。

在这期间我一直努力控制着自己不要和帅帅玩，爸爸每一天都在网上查询资料，妈妈照顾它，爷爷也给帅帅按摩。这是多么温暖的一家人啊！就这样一天又一天，大约一个月的时间，帅帅终于康复了。我们参与了帅帅从腿疼到康复的全过程，懂得了很多道理。

在帅帅腿疼的时候，一半是真疼，另一半则有装疼的可能，在帅帅真疼的时候，不管是谁，只要一碰帅帅的腿，它会立刻凶起来；可当它装疼的时候，前一秒钟还在玩球，可一转眼的功夫，帅帅就和原来一样三条腿走路，移动缓慢，一不留神再看，它又愉快地玩上了！边看边想，它真是太调皮了！

通过这件事情，我明白了许多：万物都有灵性。每一个生物链上的生物都值得被我们平视，被我们尊重，在别人需要我们的时候，我们必须用自己的实际行动去帮助他人；在你需要帮助的时候，曾经被你帮助过的人一定会出手。人与人之间的爱都会被感染和传递。爱是一种人与人之间团结协作的体现，人与人之间互相尊重的体现，也是人与人之间互相帮助的体现。

希望帅帅继续健康、快乐！

2021年7月13日

大暴雨

　　北京属于温带季风气候类型，到了夏天，北京的雨水也会越来越猛。从前天晚上到昨天，北京和全国的一些城市都下起了倾盆大雨，虽然雨水可以滋润万物，但是暴雨比起普通的雨来，还是有很多的副作用：积水多了会产生不便，雨下的过大可能会伤害到植物。昨天就下了一场大暴雨，这次暴雨刷新了去年年末那场暴雨的降雨量纪录，也打破了最长时间的纪录，这场雨的影响是非常大的。比如说昨天一天我们都没上课，一天的雨使我们一家人都不能出门。

　　前天晚上，在从张祎晨家回家的路上，料事如神的爸爸就已经猜出了即将下一场暴雨。车窗外面，黑的不能再黑了，雷鸣声大作，仿佛雷公和雨公一起打着霹雳冲下来，打了我们一个猝不及防。刚刚踏入温暖的家，外面的闪电和成群结队嬉戏玩耍的雨水瞬间冲向大地。那一夜，我伴随着哗啦哗啦的雨水声入睡，睡得很香很沉。在梦里，我也在云朵中穿梭，雨水从我耳边流过，轻轻地、宁静地降落在地面上，那些滴答滴答的声音，也许真的是窗户外面大雨的声音，这声音像一首催眠曲，这声音也像一首摇滚乐曲，整整一个晚上不间断地播放，让人们倍感兴奋。雨先生同时带给我们学生一个好消息，那就是周一不用上学了。原以为周一下半天雨就停了，可是事情其实并没有这么简单。周一一天，天空都被雨水弄成了一片黑色，雨水好像调皮地叫来了自己更多的伙伴，也许是兄弟姐妹，也许是在异国他乡的好朋友和亲戚。雨还在猛烈地下着，家里的气氛显得越来越安静，没想到雨还讲策略，有2~3次，雨停了，在我刚要出去玩的时候。又开始下了,真狡猾!

今天又经历了一段小雨后,雨彻底停了,并且并没有打乱我的生活,写作业、下楼玩都很正常。最终,雨点儿们玩够了,迈着轻盈的步伐,干了它们该干的事儿:滋润万物。

这场雨的好处是灌溉庄稼,还给我们带来了一天假,如果下次雨妈妈能一队一队安排自己的孩子出场就更好了。

我喜欢极了这场雨!

2021年8月5日

新卡丁车

车是我最喜欢的东西。无论是大车、客车还是小轿车,都可以让我感到开心和激动。在电视上,我经常看到F1方程式的卡丁车比赛,我对车的喜爱更深了。这次来到哈尔滨,我最大的心愿就是开一开宝舅的新卡丁车。宝舅终于把车给我开来了,在这短短几天时间里,我每天都会开一会儿,小区的人行道、步行道也就成了我史上最帅的卡丁车赛道。

这辆卡丁车是舅妈送给宝舅的,因为我喜欢车,他就把车给我开了过来,等我回到北京之后,他再把车开回去。在这几天时间里,我要好好地玩儿一会儿。这辆卡丁车那么漂亮：洁白如雪的车身，一个牢牢镶嵌的车里的座椅，车身非常矮，方便加速以及减速，四个中等偏小的轮胎紧紧扣在车架上，这辆车尖尖的，彩色的和白色的车灯在车的前后闪烁，外形像一把很大很大的宝剑。右脚油门、左脚刹车的它加起速来跟跑步冲刺似的，倒车之间的转换只需要踩两下刹车，很方便。车的时速快起来三四十迈，慢一点一二十迈，危险系数不高，适合小孩儿驾驶。

在北京，我曾经去过九号体验馆，看着跟我一样大的小朋友开着这种卡丁车进行比赛，把我看傻了，他们驾车的灵敏度高极了，急转弯儿、躲避障碍物等，比跑步还要激烈，一次一次的超车使我感到热血沸腾，我学到了许多驾车的干货经验，为我今后的驾驶提供了非常大的帮助。

在第一天驾驶的时候，我还不会开呢，也不敢开，我小心翼翼踩下油门儿，又踩下刹车，基本学会之后，我就一溜烟地冲了出去，不停地转动方向盘，生怕有什么危险或出现什么状况。第二天，我已经非常熟练了，油门踩到底，嗖的一声冲出去。当然，这个时候我的熟练度和技巧也已经增加了许多，更加顺利。

通过驾驶，开阔了我的视野，壮大了我的胆量，让我更加自信。我喜欢卡丁车，我也谢谢宝舅把新卡丁车借给我玩。

2021年8月10日

"神狗"帅帅

  帅帅已经完美地成为我们家庭中的一份子了,从它来到家里的那一刻,我们就开始关注它、观察它。与帅帅越来越亲密之后,我和爸爸竟然发现帅帅是一只"神狗":无论是行为举止、语言还是认路、认人,不得不承认它都做得与众不同,独具自己的亮点。

  今天在电梯里就发生了一件令人惊叹的事情,下面我来说一说这件事儿。所有养小狗的人都知道,狗不是那种可以闲着的动物,它们活泼开朗,爱动来动去,所以主人需要保证每天带着自己的狗出门遛2次,当然,也可以遛3次。这个假期,我们遛帅帅的分工就是我负责早晨在院子里遛,爷爷负责中午和下午在院子外面遛。今天早上,我从爷爷奶奶家回来,看到帅帅已经在门口做好了出门的准备。在小区里,它东转转、西转转,来到家门口,我蹲下来问它:"咱们可以回家了吗?"哪知帅帅把头转过来,笑嘻嘻地看着我,用小爪子指了指前面,又转了一圈。我有点儿急了,问:"现在可以回家了吗?"它点点头,小跑着像发号施令一般拽着绳子往家跑。来到电梯前,我开始使用我的使坏大法,我先是同时按下4层和5层的按钮,电梯速度很快,一转眼就到了4层,我解开帅帅的绳子,电梯门开了,但是帅帅匍匐前进,左闻闻、右嗅嗅就不往前走,而是待在电梯里,它可真是太聪明了!我抱起帅帅和它贴了贴鼻子,帅帅也舔舔我。看,这就是我们家的骄傲,一只当之无愧的"小神狗"——帅帅。

  这件事情极大地勾起了我以前的回忆:爸爸爱喝酒,而且一喝就到很晚,回家之后,他歪歪斜斜地趴在地上,想把帅帅抱起来,帅帅巧妙地跳到他身后，毫不客气地冲着爸爸大声叫唤甚至狂吠，这时，我偷笑而不说话。夜深了，一家三口睡着了，朦胧间"神狗"帅帅上了我的小床，在上面走来走去，累了就睡在我的怀里，那一夜，深沉又幸福。

　　动物是人类的好朋友，万物皆有灵性，我们要爱护动物，努力保护好每一种小动物，保持生态平衡。

2021年 10月 21日

小山竹，我想对你说

　　在我们家有很多动物朋友：几只小乌龟，一只狗和一只猫，最短的陪了我几个月，最长的陪了我足足七年。小山竹是我们家的新朋友，它是一只可爱的小布偶猫，浑身雪白，玲珑剔透，非常漂亮。从它来到我们家的那一刻起，我就有一肚子话想跟我最亲爱的猫咪说。经过几个月的时间，我们彼此渐渐熟悉了对方，我用尽我的一切来照顾这只小猫，它也在尽自己的一切陪伴我，让我开心。如果它会说话，而且能听懂人类的语言，我想把我自己的一切都告诉它：我是怎么认识你的，为什么要选你，希望你永远健康平安。

　　小山竹，我们是这样认识的。那天晚上，我到你的主人猫咪姐姐家里选猫来养。原来我喜欢的是你大哥"大柱子",但因为你更听话,长得也很漂亮,我就选上了你!

小山竹,你是不是很想妈妈,没关系,我们一家三口还有帅帅都会陪着你,让你有种家的感觉。离开妈妈确实不太好受,但是在我们家里,会有更多的人来照顾你,这样你就可以得到更多的温暖了。虽然不在妈妈身旁,但是我和帅帅会永远像哥哥一样照顾你,我一直希望你可以忘掉一切烦恼,在我们温馨的小家庭中更开心快乐地生活。

小山竹,我和帅帅哥哥永远爱你,也希望你不要忘记我们。自从你来到我们家,爸爸和妈妈、一个小孩和一只狗都在尽自己所能去帮助你尽快地融入到我们的大家庭。小山竹,你可千万不要看帅帅每天都在监视你,还时不时向你吼几声,其实那是帅帅哥哥在向你表示友好的一种方式。每天晚上,我都会爬到床上,和你一起玩耍,晚上睡觉的时候,你会问我要小饼干,然后我们一起入睡,多好啊!

小山竹,对不起,是我把你害了!那天,我向妈妈要了12根盲盒笔,终于到货了。晚上趁家人不注意,我躺在床上一根一根地拆笔。你非常淘气,最喜欢干的事情就是钻进箱子里玩儿,昨天你就钻进了袋子,我手欠,躺在床上逗你,你就给了我一下,我的脸上就有了一道口子,正是因为我的淘气,导致我和你暂时不能一起玩耍了。

我爱我最亲爱的猫咪和小狗帅帅!

2021年10月25日

前门大街的变化

  北京天安门、前门等景点举世闻名，无数游客来到北京，就是为了来一趟前门大街，去体验一下老北京的胡同风光；去感受一下北京的繁华；也可以去干任何关于吃喝的事情。我就是出生在北京的小北京人，从小我就去前门大街遛弯儿，关注着前门大街那一点一滴的变化，在我心中，前门大街一直是繁华的，大街左右不是特别宽，却是美好的地方。虽然前门大街有了各种变化，但是我依然热爱着这里，希望大家有时间一定要去看一下。

  疫情前的前门大街：前门大街是一个拥有着悠久历史的大街，南北两端是珠市口和前门，两侧共有上百个店铺，纪念品、好吃的各种零食应有尽有……中间会有铛铛车双向行驶。到了周末和假期，简直是人山人海，再往四周的小餐馆里看看，我的天哪，门外的椅子上早已坐满了等位的人，我终于体会到了什么是车水马龙。走在大街上，全部都是热闹红火的场面。这既让我舒服又使我开心，而且人们高声交谈，走着路还吃着糖葫芦，前门大街可真是太热闹了。

  可惜的是，现在疫情期间，不仅是前门大街，别的景点也变得冷冷清清。昨天我和姥姥姥爷一起去前门大街吃饭，四周一看，和原来的热闹场景截然不同，我吃着一串冰糖葫芦，发现四周几乎没有人，铛铛车上偶尔会传来声音，感觉冷冷清清，饭店没有了客人等位，一切似乎都是那么平静，我感到特别不适应。来到方砖厂炸酱面，我们每人一大碗面，一道凉菜，吃饱喝足，我们便往家里走。看见灯火通明的小店和一个个开怀畅饮的人，虽然前门大街已不像原来那么热闹，可是在我的心里，前门大街永远是那么繁华，使我流连忘返。

我爱北京的前门大街，更爱拥有着前门大街的北京。

2021年10月28日

签名篮球

  作为一个小男孩儿，我最喜欢干的事情就是运动，我每天都在坚持锻炼，到现在我已经掌握了很多项运动技能，羽毛球、篮球和足球都是我非常喜欢的，在诸多体育项目中，我最喜欢的就是篮球，球皮上的那一条又一条竖纹是运动员们留下的辛勤汗水，我喜欢那一下又一下的出手，更喜欢那一个又一个的进球。北京首钢是北京的篮球俱乐部，队长是翟晓川，我对这个人印象特别深刻，昨天我梦寐以求的东西到家了，这就是翟晓川的亲笔签名篮球。

  在我的心里，这个篮球不仅是一个好看的装饰品，更是一种励志的标志，我要向北京首钢队的哥哥们学习，希望长大以后也可以像他们一样好好打球。这个篮球是七号球，球的大小刚刚合适，不仅有名有姓，还是大品牌制造，质量有保障。球的下方有 CBA 的字样，这竟然是 CBA 联赛的官方用球，转了一下它，一个手签上去的签名吸引了我的眼球，三个字，翟晓川。

第一次看到这个球时，就深深地喜欢上了它，虽然这个球被爸爸放进了黑漆漆的衣帽间，但是我还是偷偷地把它放到了我的小屋。每天起床的时候，就可以第一时间看到它，它一直在注视着我，使我热血沸腾，我实在控制不住自己的手，希望随时都可以打上几下。在我的心里，这个球散发着金色的光芒，每当我看见它时，心中就充满了对运动员的敬佩之情。他们每天都在训练馆待上十几甚至二十多个小时，通过努力的付出才赢得比赛的胜利，才可以成名，看似美好的东西都是他们用自己辛勤的付出与汗水换来的。我也是一个要强，好胜心特别重的小孩儿，我也想一次又一次取得成功，我也需要一日胜于一日的艰苦训练，我一直相信，只要有付出，就一定会有结果。

　　我喜欢这个篮球，谢谢爸爸！

2021年 11月 3日　　　　　

我们家的动物伙伴

　　有一句话是这样说的，动物是人最好的伙伴，这句话在我们家得到了淋漓尽致的展现。我是独生子，没有兄弟姐妹，但是每一天，我都不寂寞，只有欢声笑语，这些离不开小猫、小狗、小乌龟的陪伴。

言归正传,每个人的家里基本上都会有大大小小的动物伙伴,有的是在天上飞的,有的是在地上跑的,还有的是在水里游的……它们都有一个共同的名称:宠物。下面是宠物主人公介绍:小狗帅帅,它是一只小公狗,在我6岁时来到我们家,已经5岁多了;小乌龟,我家一共有4只,大乌、小龟已经陪了我七年之久,小吉祥和小如意是刚刚来到的新朋友,但已经适应了这个家;另外还有一只可爱的小奶猫,它的名字叫小山竹,肤色雪白。我们需要爱护我们的动物好朋友,给它们一个温暖的家。

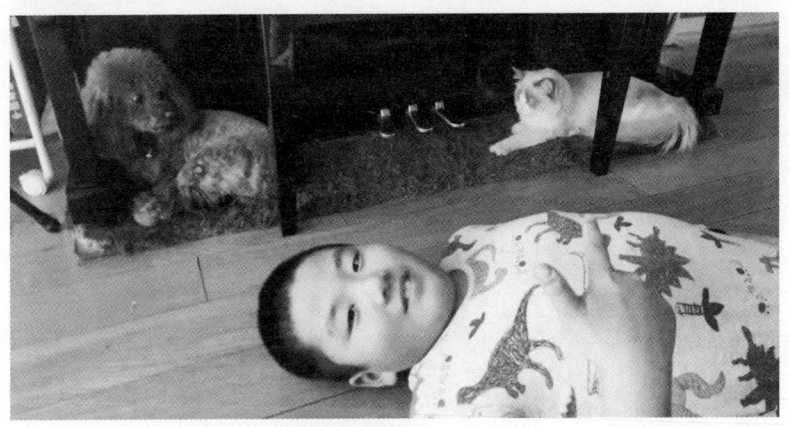

我爱我的猫妹妹、狗弟弟

在我4岁的时候,为给家里保平安添福气,爸爸买回两只小乌龟,所以要论年头最长的宠物,就是这两只乌龟了,它们是巴西龟,身材庞大,壳上有着明显的斑纹,一条一条地排着,是那么井然有序,又是那么可爱,每一天在家里表演杂技的最多的就是它们,释放臭气最多的也是它们。爷爷每天都要为它们换水和清理容器,还要喂它们粮食,所以它们巨大的身躯,是我们一家人用辛苦才换来的。自从有了这些小宠物,我的责任心就立刻开始强了起来,这也为我之后的养猫和养狗打下了深厚的基础。

我的狗弟弟、猫妹妹总是喜欢陪伴我

小狗帅帅在我们家虽说不是年头最远的,但是,他这只小公狗在家里占据了很重要的地位,因为我一直都相信一句话,狗对主人绝对忠诚。这五年来,虽然经常会被训斥,偶尔还会挨打,但是它依然是我们的好伙伴。我对它的评价是:没有选错,帅帅确实是一只好狗。小山竹是最近刚到的新伙伴,它既是一只小奶猫也是一只小母猫,所以它更需要呵护,我每天喂它饭、逗它玩儿,也是理所当然的。这个不懂得表达的小家伙,每天跟我别提有多好。

我非常喜欢我们家的小可爱们,因为在我需要和用得着它们的时候,在我孤单的时候、失落的时候,它们都会过来陪我。相信大家都很喜欢和爱护自己家的宠物,同时要爱护那些流浪小动物。我们不可以伤害它们,不可以破坏它们生活的环境,要像对待自己家的宠物一样对待他们,还他们一个美好的家。

我们要爱护动物,加油!

2021年11月7日

立冬

　　冬天来了，它拿着一把神奇的大刷子，所到之处都被刷成了一片白茫茫的雪色。树梢上、田原上还有楼上，全部都被变成了雪的世界。走在路上，踩着脚下的雪，听着"嘎吱嘎吱"的声音，心里也有了冬天给予的一丝宽慰。今天是冬天的第一个节气，立冬这个节气是一年中倒数第四个，也标志着冬天正式开始。我非常高兴，因为昨天终于下了北京这一年的第一场雪。楼外现在已经是白茫茫的一片，植物和各种露在外面的东西，全都被这个巧匠涂上了白色的颜料。外面一片宁静，只有天空中飘落着片片雪花，它们都在为北京的立冬贡献自己的一份力量。记住，今天是立冬，一定要多穿衣服啊！

　　立冬是一个很有标志性的节气。为什么呢？是因为任何一个季节都是由"立"开始的。立冬，足够可以说明冬天到来了。还有一个重大的意义，就是特殊的2021年也已经进入尾声了。而冬天，是一年中最冷的季节，雨水和雪也是比较多的，

有着哈尔滨的基因，有着对雪的热爱

立冬才是我最喜欢的一个节气。冬天越来越冷了，也希望亲情浓郁，心里永远是暖暖和和的。

立冬到底还体现在哪儿呢？北京今年的大礼包就给出了我们答案，昨天，北京终于为我们送来了一份超大、超惊喜的礼物，到底是什么呢？原来是雪呀！往年的北京很少下雪，可是今年下雪还挺早，多么难得，我都快要激动哭了。现在，雪已经异常猛烈地来到我们身边。虽然在天气预报上显示还是中雪阶段，可是在我们孩子的心里，这场雪比林中甘露还要清甜。本场雪从昨天傍晚5点开始降临，已经足足下了15个小时左右，现在外面白茫茫的一片，用一个成语形容"冰天雪地"，晶莹剔透的雪花像一个个美丽的小精灵，它们在天空中向世人展示自己优美而又华贵的舞姿。随后，就在小草上休息、唱歌，是多么和谐的一幕。

立冬也有许多习俗。先拿吃举例子吧，饺子是张仲景发明的一道美食。冬至的时间呢，非常冷，吃饺子就可以让自己的身体暖和起来，从而有了很多好处。所以，每一次立冬来临的时候，我们这一大家子人都会欢聚一堂，享受美食带给我们的快乐！另外，我们小孩子一定会去外面打好玩的小雪仗。每一次战后回家，我的身上全部被染白，一进家门，地上全是雪。

我喜欢立冬，因为雪后的世界是孩子们的人间天堂，打雪仗、堆雪人都是我喜欢的。

2021年12月6日

不同的第五幼儿园

  现在的每一个儿童，从三岁开始就要进入幼儿园或者早教班进行学习，为我们步入小学打下有力的基础。从五幼毕业到现在将要小学毕业，已经过去了六年，我的心灵成长的地方——北京第五幼儿园也已经有了翻天覆地的变化。上周末，通过郭非叔叔的儿子奇多（他也在五幼，很巧的是和我都是大二班），我了解到了五幼的变化，个人认为以前的五幼比现在的五幼强太多了！我想：现在的五幼虽然玩的不多，但也许会学习很多知识，各有利弊。

  以前的五幼：在我们这些"老五幼"眼中，当时来幼儿园纯粹就是玩和睡、吃，当然也有学习的课程，让我印象最为深刻的是每天上午10点左右，班主任石老师会组织我们一起到后面玩木头小车。回家之后，我感觉到中指生疼，好像扎了一根刺，这一幕被眼尖的老爸给发现了。那天在他老人家的强迫下，我坐在小椅子上，可怜地伸出手指，老爸用手电筒照着，用牙签一下又一下地挑，终于那根小木刺被他给挑出来了。在那以后，我再也不玩木质玩具了，而且改行成了塑料塔桥游戏的"大哥大"。在我身边还有张莫涵等，他们都是我同学时期的好伙伴。那时候的我们，中午和晚上两顿饭都在幼儿园吃，这也使我记忆犹新，老师发给我们一人一个餐盘，几个老师分工，边走边分菜，放到我们碗里，如果需要加餐，到前面去，老师负责给盛。每一天都会有一至两节拓展课，教给我们好多知识，为以后的学校生活提前打好基础。对了，中午还有午睡。

  双减政策之后的五幼和原来大不相同：每天没有玩玩具的时间，

取而代之的是生活经验课,更有书香气息,为了保证孩子们的休息,孩子们都午睡,打饭的规则和流程也大不相同。和原来不一样,大家要去讲台排好队,等老师一个一个盛。好在现在的五幼依然还有充足的课外活动时间,大家可以去滑滑梯、打球,太好了。

通过这些对比,我才知道有这么大的区别,但是我一直觉得五幼是我的母校,无论发生什么样的变化,都值得我去爱。

我喜欢让学生们专攻"文"的五幼,也喜欢专攻"武"的五幼。不管怎么说,北京市五幼一定是最棒的。

2021年 12月 18日

新大门

我们国瑞城小区已经有 12 年的历史了,原本先进的小区一下子就旧了下来。现如今,科技的发展和进步是无穷的,现在的邻居们,家家都至少有一辆电动车,原来那种用按键开关的大门早已经不方便了,所以小区物业专门为我们更换了新的大门,两扇都是通过刷卡进入并进行自动开关的,出去时触摸一下立在地上的 exit 按钮,门会打开;进来时,在门禁上刷卡,门也会打开。

我很喜欢新大门。昨天下午下了班车,我感觉小区似乎和原来不太一样。仔细看看，哦，原来是大门换了，这两扇半自动大门太好看了，通体漆黑，门上还刻着精美的小花纹儿。当刷下门禁卡时，对应的那一扇门缓缓打开，我激动地跑了进去。保安叔叔和房屋公司的叔叔告诉我们出门的使用方法，原来，在道路的两侧有两根柱子，柱子面上有蓝色 exit 的图样，当然两根柱子各对应一扇门，只要一点，这个图标就会由蓝变成绿，门就会开启了。我认为这样不仅方便行人，更方便骑电瓶车的人，还有推轮椅的老人，太好了。我还是挺喜欢我们小区的新门，因为安装新门之后，整个小区感觉焕然一新，根本看不出已经有 12 年之久。不过从多重角度来看，这扇门有好处，更多的是坏处。首先我来说一说安装自动门的好处，主要就是方便了很多以前想骑着电瓶车出去必须得有人帮忙下车开门的人，那样既浪费体力又浪费人力，还浪费时间。安装新门之后，只需按一下键，比原来大一圈的门就会自动开启，而且关得很慢，很是方便。这样，物业以及安保人员的工作负担也会减轻。但是安装新自动门之后，坏处也就一个又一个浮现出来。首先，安装完自动门之后，门距离地面的高度足够高，如果碰到特别厉害的小偷，足以从门缝底下钻进来而不被发现；其次就是容易伤到行人，当有一个人刷卡进入小区时，后面那人也要进来的话，要赶紧三步并作两步跟着，赶不巧的话，容易被门误伤。

　　综合利弊，我还是喜欢我们小区的新门，同时也要感谢我们的物业。

2021年12月29日

礼物

  我们六年级的学生大多数已经12岁了，每年都会收到各种表彰以及各种礼物，还有在节日的时候，比如春节、元旦、新年等，也会收到各式各样的礼物。小到一根笔，大到一辆小电瓶车，都包含着送礼者对你的爱和感情。礼物是送礼人的一份心意，不管贵不贵重，都会有价值。

  礼物的定义其实非常简单，"礼"就是送的意思，比如说一个人给另一个人送礼；"物"就是东西的意思，这两个字组合起来就是给对方送东西，而且礼物一般会在小朋友表现好的时候以及同学聚会的时候互相赠送，礼物的重要性不仅仅是那一个个小东西，而是其中满满的情感。

  几天前是平安夜，是全世界各地小朋友收获礼物的日子，一觉醒来已经是后半夜，我摸一摸我放在床头的那双又旧又破的大袜子，里面特别硬，我特别开心，一看是一盒王者荣耀卡牌和一条泳裤以及一个声音日历，这不仅仅是父母送给我的礼物，更是那浓浓的母爱以及父爱啊！再过两天就是元旦以及新年，今年出乎我们意料的是新年联欢会将要举行。那一天，我们班的每一个同学都会给同学们准备礼物，没准儿是一个小笔记本，也没准是一根笔，这就是同学情的一种体现。我特别喜欢收礼物的感觉，因为这一份小小的东西，代表着各种情感的交集，当然我们也要礼尚往来，懂得感恩，让彼此的感情进一步升华。

  马上新年联欢会就要到了，我给同学们准备了小礼物，不知道我可以收获多少别人给我的礼物，我特别喜欢礼物，更喜欢收礼物的感觉。

2022年 1月 15日

水

　　世界上有这样一种东西，异常珍贵，而且每一天都在被人们使用；同时它也是一种资源，经常会被人滥用。在整个世界，甚至是我们繁华的首都北京，都面临着缺水的危机，如果这种资源从世界上彻底消失，那么地球上的各种生物也就会像那些可怜的史前生物一样，不复存在。这种东西就是水，我们一定要保护并节约水资源。

　　今天上午，我用到的水可真是多啊！上午爸爸为了让我能力更强，约了一节游泳课，这一个小时我一直在水里游泳。可劲儿地折腾，这不就是用水吗？终于把这恐怖的一个小时熬过去了，一看见桑拿房，眼睛又冒出了火花，直勾勾地冲过去，刚进去的时候，我感觉这个温度刚刚好，可是只过了几分钟，就感觉太不过瘾了。爸爸告诉我一共有两种方法可以加热，一种是按下出水按钮，另外一种是拿那个水瓢里的小勺往碳炉子里倒水，这样就会更热，蒸桑拿也同样也离不开水啊！蒸完桑拿之后，我湿漉漉的，太舒服了，然后我们就去冲澡，这个肯定也不用说了，一定会用到水。当然在我们的生活中，用到水的地方还有很多，如喝水，人们需要用水来维持自己的身体健康以及生命。另外，浇花和洗东西时，水也是一种清洁工具，只有用水和洗涤灵这些东西配合才可以把细菌杀死，所以我们也可以利用水来清洁东西。总而言之，在我看来，水就是一种万能的东西。

　　据我所知，在世界上，人可以饮用的包括加工之后的水，只占全部的 2.5%，这可真是太少了。既然水资源稀缺，那我们是不是应该保护它呢？在这里我可以给大家分享一下我的节水小妙招：首先，洗菜水、淘米水可以浇花；然后就是洗脸时可以在池底放一个小盆，把水接着，在洗澡放水时，同样也可以使用这种方法，接着的水可以擦地、冲厕所；在饭店喝水时，不要贪图太多，喝完一杯再取一杯，千万不要把水倒了。

各位，水是我们一切生命的源泉，保护水资源，人人有责。

2022年1月16日

眼睛

有一句老话说的好"眼睛是心灵的窗户"。眼睛可以帮助我们更好地认识这个世界，但是如果像我一样，用眼过度或者是没有保护好眼睛，那么，你眼中的世界就会是模糊的，没有清晰的景象。在此，我要奉劝大家，一定要保护好自己的眼睛，不然就会一直和烦人的眼镜打交道。

上周六，我到茗视光眼科检查视力。刚刚踏入的时候，我可以感受到我的心脏一直在扑通扑通地跳个不停。也许因为我太重视了！等了好几分钟，终于轮到我们。在测试之前，医生阿姨先给我测了一下眼压，结果是左眼22，右眼20，属于正常范围，它对于我来说可真是一个天大的好消息。张祎晨先去里边那个诊室测视力，我等着，过了好一会儿才轮到我，没进去之前，我还是有一丝丝紧张，半个小时之后，和张祎晨一样，我也走了出来。这一次和上次检查差不多，不过还有些不好：我的右眼有一点儿小远视和散光，而我的左眼则是50度近视加50度散光。听完大夫的话，我想我必须得增加户外运动才行啊。

现在我正躺在床上，静静地思考着什么，突然我有想法了。爸爸和我商量，怎么保护好眼睛呢？爸爸跟我说要遵循多进行户外运动的医嘱，每天早上起床之后，遛帅帅的这个重担就交给了我。另外，假期里每天源源不断的家庭作业会在我的笔下报到，面对这么庞大的家庭作业，对于我的眼睛来说，绝对是一个不小的消耗，所以在写作业的过程中，如果时间还剩很多，就允许我下楼跳会儿绳；如果没有那么多时间，就让我坐在窗台上，既可以看一看窗外绿色的东西，也可以放松一下，然后继续写。这对我来说是一件天大的好事！

我们一定要注意用眼，比如说写作业时做到"三个一"：眼离书本一尺远，胸离书桌一拳远，手离笔尖一寸远；在使用电子产品时注意用眼卫生等。

伙伴们，让我们一起保护好自己的眼睛吧！

2022年 1月 18日

羊驼

  本人，一个比较业余却特别喜欢小动物的小学生，每次来到一个陌生的城市，都会去当地的动物园游览一圈，所以也有一些知识的储存。昨天，在去打羽毛球之前，路过国瑞城商场，爸爸一机灵，原来是一只羊驼引起了他的注意。当爸爸把这个消息告诉我的时候，我也一惊：怎么可能在城市之中看见羊驼呢？拿着手机带着激动的心，我冲了过去……我认为动物和我们都是好朋友，保护动物，人人有责。

  羊驼的名字怎么来的我不太清楚。但是昨天的发现再次验证了我的猜测：羊驼的头和习性和羊一模一样，就连大多数羊驼的颜色也是白色；但是这种动物又和骆驼一样，有着两个驼峰。在我综合看来，羊驼和羊更为相像，要不然的话，为什么叫羊驼而不叫驼羊呢？

  在我费了九牛二虎之力穿过里三层和外三层的人群时，我才看清，哇，真的是羊驼啊，我赶紧跑了过去，看着它那肥大的身体，我噗嗤一声笑了。和它拍了几张合影后，我开始抚摸羊驼，它的身体以及皮毛特别热，让我有一种想买的冲动，我又听了一会儿店主姐姐的讲解，大概的意思是这样：羊驼是哺乳型中的大型动物，它体型巨大，是羊与骆驼的杂交品种，它们天生喜欢跟在妈妈的身边，特别怕人，所以千万不要去摸羊驼的屁股，第一，它们会踢人，第二，对它们的健康有威胁。太棒了，我又学到了新知识。

  在路上，我问正在骑电动车的爸爸，是否可以在家里养一只羊驼，他的回答很坚决"不行"。我那一颗火热的心瞬间凉了。本来，如果可以养的话，我还真想再来一只羊驼。我突然想到了一些美好的寓意，比如羊驼背上的驼峰，它的寓意就是虽然人生苦短，会有一个又一个困难，但是风雨过后就一定是彩虹了，只要有足够的努力，一定会像羊驼的驼峰一样超越他人，取得成功。

还是那句话，我们一定要保护好在我们身边的小动物，他们是我们人类的好朋友，如果失去了，就再也不会回来。虽然我没有见过太多的羊驼，但是这种动物憨厚可爱，我非常喜欢。我好想养一只羊驼啊，但是我知道这毕竟不太可能实现。

2022年 1月 20日

大寒日

我们中国自古以来就有几千年的灿烂文化，其中二十四节气就是我们中国人值得骄傲的东西。大家都知道，一年中共有二十四个节气，在一句小诗中写道"冬雪雪冬大小寒"，依我看，在大雪节气的时候，可能还会伴随着降雪的出现。今天正好就是二十四节气中的"大寒"，今年的第三场雪也同时在北京奇迹般地上演了。寒冷的冬天即将过去，反之，温暖的春天即将到来。马上，金牛贺岁回头看，金虎迎春过大年！

今年的大寒真的是当之无愧，因为天气预报今天的最高温度是零下2摄氏度,还真的是大寒。而且,今天的雪来得也太猛烈了,从早晨起来的小雪到结束游泳训练之后的大雪,直接上升了两个档次。雪花劈头盖脸地落了下来,打得我生疼。中午,雪花强度开始走下坡路,很快就降到中雪级别。正当我和爸爸美滋滋地去做核酸检测时,雪突然就大了,很快就变成了大雪。在这种雪天中,一个坐电动车,一个骑电动车,应该都挺"爽"。现在再往窗外仔细一看,刚才的景象没有了,取而代之的是一片寂寞。

  大寒这个节气我非常喜欢,还因为这一年我喊热喊个不停,好不容易到大寒了,我才体会到什么叫作真正的寒冷。再忍一忍,大寒过去了,年就算过去了。新的一年,迎接我们的一定还会是那翠柏、阳光……困难与冰雪终将过去。祝大家春节欣闻春有喜,喜闻乐见虎生风,虎年大吉!

2022年3月7日

北京地铁

  现在,世界各国的科技都在迅速发展,地铁这个热门的交通工具也逐渐被人们接受和认可。在我去过的十多个国家里,每到一处,我都会体验一下当地的地铁,从地铁的通行里程、车厢舒适度以及人文关怀方面，在我看来，首都北京的地铁无疑是全国乃至全世界中的佼佼者。最近，北京地铁新开通了19号线，这条线路的时速可达100公里，但是人们坐在上面却一点儿晃动感都没有，舒适度极佳，车厢还配搭着最新的动态化显示屏以及全新录制的站台播报系统，体验感觉真像人间天堂，太美了！我热爱我们北京的那一条条地铁，我一定会为之做出我的贡献。

地铁，顾名思义，就是在地下运行的一种交通工具，它比地面行驶的公共汽车可要强太多了。哦，对了，地铁的站台轨道、屏蔽门、报站以及驾驶系统也都是常人无法想象的，特别先进。北京的地铁位居全国之首，一张覆盖全城的网格已经基本形成。最近，北京地铁的新线——17号线和19号线也已经基本完成建设，投入运营。我为中国北京的地铁而骄傲！

我比较喜欢的地铁线路是北京2号线、5号线和10号线。有一天，我在乘坐10号线的时候，突然发现牡丹园站和草桥站的上面多了一个写有19号线的换乘标志，我一惊：19号线真的开通了。第二天，在爸爸的陪伴下，我就踏进了19号线的车厢，果然很好，往站点牌上一看，上面写着"本侧开门"以及"牡丹园站到了"的字样。终于，这列地铁在我的期待中以100公里每小时的速度驶出了牡丹园站，紧接着，列车上的电子显示屏打出了报站系统，终于切换了，我惊呆了，原来，显示屏的另一面竟然是列车所到站的出口信息，太先进了，而且和张云瑞同学所说的一模一样。

现在，我还没有乘坐过北京的地铁17号线。我想，和我刚体验的19号线一样，17号线也绝对不会辜负我的期望。希望可以很快在十里河站踏上17号线的列车。

我特别喜欢北京地铁，因为北京地铁交出这张答卷是人民满意的。现在科技的发展推动了地铁的进步，新线路设计也很有个性，乘客不仅会有不一般的感受，也会从心里萌生出一种幸福的满足感。来体验吧，一定不会让你失望！

现在，我还是一名小学生，只能在学校中学习，暂时还不能为地铁事业做出自己的贡献。但是我会好好学习，尤其是数学，将来用我自己的努力考上地铁相关的学院，为中国的地铁事业服务，为中国人民服务。我爱北京地铁！

从小就对地铁情有独钟，主题展览更不能错过

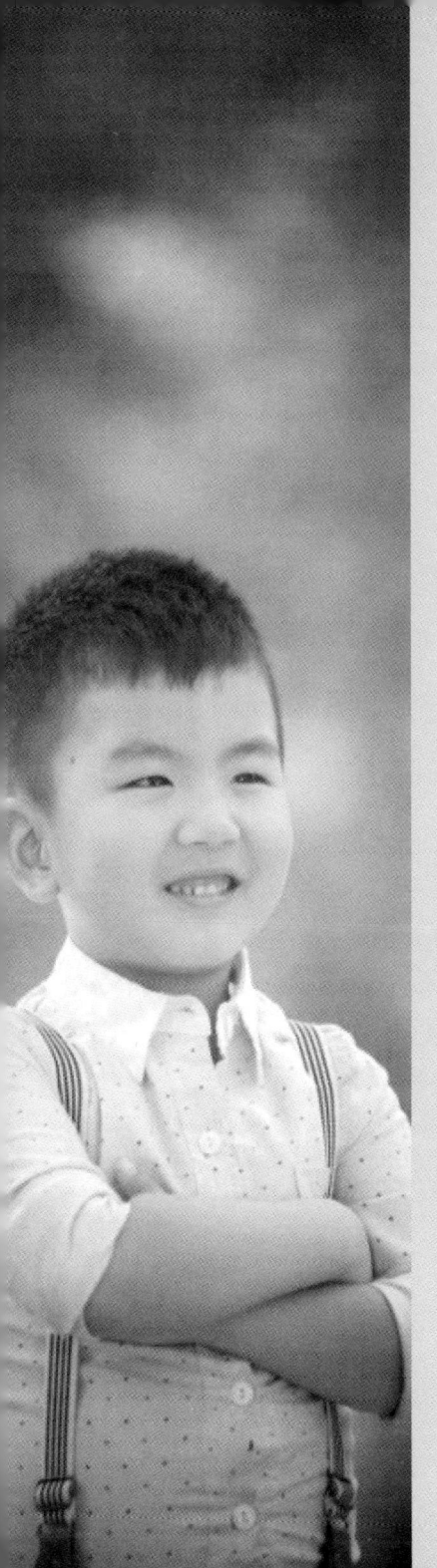

少年追梦记

自有芬芳

2021年6月30日

我眼中的中国共产党

中国共产党是一个领导我们前进的政党；中国共产党是一个拥有着百年历史的大党，党领导中国人民当家作主，从站起来到强起来。让我们一起穿越回到中国共产党成立的那一刻，去感受那庄严、激昂的气氛。在共产党成立 100 年的岁月里，中国的 14 亿人民团结一心，努力建设这个大党。渐渐地，加入共产党的英雄们越来越多，为党增光添彩。有一首歌曲是这样唱的"没有共产党就没有新中国"，由此可见，中国共产党对新中国的成立做出了多么卓越的贡献。三大战役之后，陈毅曾说"淮海战役的胜利是人民群众用小推车推出来的"。万众一心、众志成城、迎难而上就是共产党和人民之间的默契。

党的成立带来的变化是翻天覆地的，是一大会址里的热情讨论，也是嘉兴南湖上游船里的故事。在红船上，参会代表们喊出那一时刻最响亮的口号"中国共产党今天成立了"，这一时刻振奋了全国各族人民。在这之后，党带领人民一路披荆斩棘，势如破竹，才有了今天繁荣富强的新中国。中国共产党其实是一个爱国人士的组织，从以前只有几十个党员到现在的将近上亿党员，这离不开共产党人的努力和拼搏。党的初心就是让人民过上好日子以及为人民服务。虽然，时代的时光针已经转到了 2021 年，距离建党已经 100 周年，但是，我们还是要认真地学习党史，为成为时代的接班人而不懈奋斗。

我是多么希望革命家们能够坐上时光复兴号高铁来我们现在的中国看一看啊，现在的中国日新月异，和以前完全不同。习近平爷爷就是一名优秀的共产党员，他带领着全国各族人民努力创新和发展。我眼中的共产党是积极向上的、是强大的，因为，一路艰难险阻非但没有难倒党和人民，反而会更加激励我们，让祖国和人民更加强大。

党史像一位老师，不仅可以给我们讲述知识，而且能够让我们从中汲取哲理。自从认真学习党史以来，我感受到了那一段峥嵘岁月中共产党人的千辛万苦。百年岁月，一个党经历了许多才变得强大。我们遇到困难时，要想起沙场上保家卫国的战士们，不顾个人安危，坚守阵地，他们尚且如此，生活在和平年代的我们为什么要退缩呢？

作为党的预备队——少年先锋队员，我们要好好学习党史，努力成为党的有用人才。听党话、跟党走，努力为班级、学校、社区服务。我们虽然不能像党员叔叔阿姨们那样为国奉献，但是我坚信，在不久的将来，我也会为祖国建设贡献自己的力量。

明天就是中国共产党母亲的百岁华诞了，我们要祝她生日快乐！明日的中国需要我们去奋斗！

2021年 7月 19日　　　

《长安客，欢迎您》

现在我正在从西安到兰州的高铁上阅读一本杂志，名字叫作《长安客，欢迎您》。刚阅读时，我想，咦，我不是刚去完西安吗？借着这个想法，我继续读了下去。这本杂志共分为以下几个章节，一是三色西安，二是画一个现在给未来，三是自驾线路和长安说。

一，三色西安。这是一幅西安市的地图，看，十三朝古都的面积可真大，这幅地图可谓是画得面面俱到，每一条街道都刻画了出来。通过景点与地图对比发现：我们去的地方真是太多了，一会儿城东，一会儿城西，一会儿城南，一会儿城北。读完这部分，我感受到了十三朝古都的气势规模。我们也参观过这张地图中的许多景点，那是多么愉快啊！这次西安之旅，叔叔们可真是煞费苦心。

二，画一个现在给未来。这部分内容讲述了一个作家，他用十几年的时间创作出了几本书，当然了，这些书出版之后大受欢迎。我想这个小插曲中所讲述的故事是多么励志，它会激励我一直向前进，也会阻止我不再向后退。

三，自驾线路和长安说，在西安有各种各样的游客，为了满足不同的游客，给出了五条不同的旅游线路，这五条线路里面的景点都是精挑细选的，旅游线路也是一条一条由西安旅游公司的工作人员制订出来的，我们要向这些平凡的人们致敬。长安说才是书中使我最震撼的，长安说把新时代的元素融入到古城之中，使用我们年轻人喜欢的短视频直播以及盲盒，让我特别兴奋。

杂志的最后是美食指南。刚刚看完，我便去把最后一份照烧饭拿了回来，三下五除二"团灭"，这才是本人的真实实力。

这本杂志向我讲述了很多知识，我很喜欢。

2021年8月11日

不守时、不诚信的严重后果

  我国有 24 字社会主义核心价值观，它们是富强、民主、文明、和谐、自由、平等、公正、法治、爱国、敬业、诚信、友善。诚信，在这里也被提到、写到了，由此可见，一个人的诚信，才是这个人真正的门面。做一个诚信的人，一定会永远受益，如果失去诚信，那么之后的名利就会全部失去。

  诚信这个词很好理解，也同样很容易做到。诚信是人的根本，也是挡在名利、钱财前面不被侵蚀的保护罩，诚信像多米诺骨牌一样，诚信倒了，后面的一长串也就倒了。不诚信，就是说到不做到，说话不算数，可能是没有按时完成任务。

  昨天，我就干了一件很不诚信的事情。假期最后几天，我和爸爸制订的计划是每周的一、三、五去龙潭湖体育馆打羽毛球，每周二、四去奥力健身游泳，每天上午跑步。昨天是星期二，我们去游泳，在开始之前，我和爸爸定好晚上 6 点准时在大门口见。游泳的过程，我就先不说，到了洗澡的时间，我从小柜子里拿出洗漱用品，正巧碰到了何经纬，我们边聊天儿边洗澡，效率还是蛮高的，穿好衣服一看表才 5 点 58 分。我买了一瓶饮料，正准备出门儿，何经纬邀请我打篮球，于是我放下书包和他一起玩儿篮球，这时时钟已经显示北京时间 6 点 2 分，而我却还在篮球场上玩得不亦乐乎，打完球一看表已经 6 点 10 分了，这时，爸爸已经在门口足足等了我十多分钟。出了门，看见爸爸的眼神，我才知道自己犯错了，爸爸的惩罚措施就不用说了。爸爸答应李浩田说我 5 分钟回来，可是因为我迟到，回到小区时，他已经回家了。

　　这次我犯的错误是不守时，明明知道该出去的时间，还在里面打篮球，这也是一种不诚信的行为。我分析之后，认为原因是我贪玩了，没有时间观念才造成这个后果。因为我犯了这个错误，导致了不该发生的结果，让爸爸在外面等我，被蚊子咬得不行，李浩田也没等到我，也没法一起玩。我应该提前与家长沟通好时间，规划好自己的时间，我们要做一个诚实守信的人。

2021年 8月 12日

民以食为天

　　我国是一个拥有上下五千年悠久历史的国家，有很多老话世世代代流传着。"民以食为天"这句话一点儿也不假，食是人类生活中必不可少的。自古以来，人们就有了很多的饮食习惯，有好的饮食起居习惯，对我们的帮助会非常大。在我们家里，就有着三种不同的饮食习惯，各有好处，但也有不好的地方。

　　第一种饮食习惯的来源是我的爷爷奶奶，他们的饮食习惯是清淡，因为我的爷爷奶奶已经70多岁了，他们不接受年轻人喜爱的重味食物，这件事情是可以理解的，因为他们牙口不太好，消化功能也在减弱，吃得清淡一些，对身体绝对有不言而喻的好处，可以减轻肠道消化功能的负担，让身体一直处于健康的水平。不好的地方就是他们太挑食了，我认为任何食物都有一定的营养在里面，这个不吃那个不吃绝对没有任何好处。

第二种饮食习惯来源于我的姥姥姥爷，也是一种最不好、没有规律的饮食习惯：暴饮暴食。姥姥姥爷每天的作息时间很不规律，也许早上七八点钟吃饭，也许中午两三点才吃饭，也许晚上十点还要吃顿饭，而且他们吃的都是我们年轻人爱吃的。这种饮食习惯的好处是不挑食，不管食物的味道如何，都愿意去品尝，唯一的不好点就是太暴饮暴食，一日三餐都有十二分饱，对肠胃特别不好。

第三种就是我和爸爸妈妈还有帅帅的饮食习惯。我们几乎每一天的作息时间都是规律的，一日三餐，营养搭配均衡，我们每顿都吃八分饱，因为我们朝气蓬勃，精神充沛，胃口很好，所以辣的、荤的、素的、清淡的都可以吃，而且非常爱吃。这样的好处是平衡膳食，营养均衡，可以从各个美食中吸收到最多的营养，这些营养会对我们的身体健康有着极大的帮助和影响。

我是小孩子，正在处于成长以及发育的关键阶段，平衡膳食才是一种增强体质的好方法，因此我们要饮食规律、不挑食，并确保营养均衡，这样身体才会倍儿棒。

2021年8月16日

《野性的呼唤》读后感

  最近,我读了一本我很喜欢的关于狗的图书《野性的呼唤》,这虽然是一本描写动物的书籍,但是里面蕴含着许多做人的哲理,情节复杂,引人入胜。作为一只普通的狼狗,巴克经历了主人们无形中的更替和自己生活环境的改变,最后,与自己的森林狼兄弟一起奔进原野。

  本书的主人公,哦,不,是主狗公,就是巴克了。它是一只庞大的狼狗,与别的狗都不一样的是巴克从小就拥有超强的野性,英勇、无畏、善战,一直忠诚陪伴在主人们的身边。伴随着野性,巴克最后加入了森林狼的队伍之中。

  这本书一共分为七个章节:进入蛮荒、大棒与利齿法则、争霸的原始兽性、称雄者、雪上苦旅、来自人的爱、呼唤的回想。这七个生动的故事为本书增添了一个又一个神来之笔,使情节更引人入胜,最终成为一部不朽之作。

  一个出生在米勒法官家的狗,名字叫作巴克,因为主人的一次大意,被迫落入了雪橇狗的队伍当中,它的新主人和同类似乎对它都不是很友善,在相处的过程中,巴克终于领悟了一个重要的法则"大棒与利齿法则":只要表现得让主人不满意,大棒子就要来了;如果你让同伴不高兴,利齿就要咬你。很快,巴克当上了霸主,把斯皮茨打败并杀死了。不管是在哪个人手下,巴克都不是最优秀的,但是它却是最有权的。巴克又连续换了两个主人,哈尔是恶魔,他不懂得爱护狗,还把狗负担的雪橇分量加到最大,要不是巴克在到达冰流的前一天晚上放弃跟随哈尔，它早就跟哈尔和他的嫂子一起掉下冰窟窿了。

桑顿是一个法官，很有善心，与巴克相依为命，并且桑顿把自己的所有都给了巴克，这足以让巴克感受到来自人类的爱。巴克也下定决心保护好桑顿，自己也终于不用拉雪橇了。最后巴克杀死了陷害桑顿、皮特的印第安人，成为一只伪森林狼。听印第安人说，每到月圆之时，就看到一只与巴克一样的彩色森林狼出现，其实它就是巴克。

作为人，我知道要爱护小动物，在它们需要帮助的时候，帮助它们，你的爱心不会被辜负。

建议大家也看这本书啊。

2021年11月22日

我眼中的《哈利·波特》

这周末，在我家附近的杂物社，我发现一款新品，它就是我喜欢的哈利波特卡牌。虽然我是一个"伪哈迷"，并没有真正完整看过《哈利·波特》，可是，我对霍格沃兹学院的渴望是无法阻挡的，所以今天我就想写这个题目，借此机会来谈一谈我对《哈利·波特》的看法。

《哈利·波特》是英国著名作家 J.K. 罗琳的一大著作，它讲述了一个从小被坏巫师伏地魔杀死父母的小孩哈利·波特受海格邀请加入霍格沃兹魔法学校，在这里，他和男孩儿罗恩、女孩儿赫敏成了好朋友。经过努力，哈利·波特的成绩越来越好，可是越来越多的人嫉妒并仇恨他，而且希望有机会可以杀掉他。这不，罗琳就按照这个思路，编写出六本书，每一本都讲述一个有关哈利·波特的独立故事，但是每本书之间又有联系，让我这个"伪哈迷"也为之着迷。我最喜欢《哈

家门口的环球影城，尽兴于这里的魔法，更不能错过同样充满魔力的美食

利·波特与密室》，这本书讲述了哈利他们三个人在霍格沃兹学院的地下室，无意中发现了一个密室，并在这里第一次与伏地魔展开了一场非常精彩的对决。这套《哈里·波特》目前仍在全世界风靡，我相信22世纪它也一定不会磨灭。

我眼中的《哈利·波特》：我认为这套书是非常富有传奇色彩的，为什么呢？因为哈利·波特这样一个失去父母的孩子，可以误打误撞进入霍格沃兹学院学习，而且他在这里的生活非常美好。在学校中，哈利·波特结识了很多好朋友，大家一起上了很多有意思的课，虽然会有许多仇人和冤家，但是这美好的生活是常人不可拥有的。

在《哈利·波特》中，我有几个喜欢的人物。首先是哈利、罗恩与赫敏这三个好伙伴，他们都有着坚强的品质，精诚团结、互相帮助，一次又一次战胜敌人、克服困难，同邪恶的伏地魔战斗到底。其

次喜欢的是斯内普，爸爸认为他是反派，那可就大错特错了。作为黑魔法防御课的老师，他毫无保留地将知识传授给自己的学生们，另外在魁地奇比赛时他还用反魔咒压制敌人的魔咒，从而帮助哈利·波特队获胜，所以我相信他是一个善良的好人。

我喜欢《哈利·波特》，更喜欢故事中的情节，可谓跌宕起伏；喜欢和主人公一样，踏上冒险的旅程；我也喜欢霍格沃兹这座美丽的魔法学校……

我去过新加坡和北京的环球影城，也曾经在哈利·波特主题区打卡，但是我真正向往的是有一天，我可以去真正的霍格沃兹学习。当然，这又是南柯一梦！我还是去看《哈利·波特》吧。

2021年12月7日

遇见夏加尔

在我们生活的大千世界里，这其中就有这样一种职业，值得我们每一个人尊敬，那就是我们身边的"画家"，他们用一张纸和一支笔，把这个美好的世界记录下来。现在的一个又一个画家，虽然技术还不错，但是却不能自成一个门派。时光的进度尺被我拨动到了200多年前，这时印象派还没有形成。此时，出现了一位叫做夏加尔的画家，他创造了现实派，他画出来的画虽然非常幽默，但是却把当时路易国王的昏庸用绘画形式淋漓尽致地表现了出来。昨天，爸爸带我来到了遇见博物馆参观夏加尔155幅真迹展。这个博物馆不是很大，画作也不多，但是我却通过这次展览对夏加尔这个人有了新的认识，也对我们每个人的生活有了感慨。

说句实话，在参观夏加尔真迹展前，我只知道两个世界著名的画家，根本就没听过夏加尔这个名字。但是在参观完之后，爸爸为我查阅了相关资料，我才知道：原来夏加尔是18世纪的俄国著名画家，当然也是现实派的大掌门人，他的代表作非常多，有几幅画我还真见过真迹，比如说《失去财宝的守财奴》等。你千万别和我一样认为夏加尔没有名气，那就错了，他绝对是一位优秀的画家，他的画作也是值得去铭记的。

其实我也学过一两周的美术，有一点点基础，可是却不知道也没有见过那些经典的画作，这不，这次我和老爸就去看了夏加尔真迹展。因为只有155幅画，所以只有两个小的展区，分别是：写实中的法国以及拉封丹寓言。

一，写实中的法国。法国在我的心目中是一个美好的国家，而夏加尔通过他的画作直接把我这个印象加固了，在他的画作中，埃菲尔铁塔、卢浮宫等仿佛蒙上了一层面纱。写实中的美景，好像一个大传送门，把我带到了法国的各个名胜古迹，感受各种民族风情文化，太美妙了。

二，拉封丹寓言。夏加尔的画就好像一个个故事，让我感悟到生活中的一个个道理。比如说要会学会满足现状，要做一个不贪婪的人……在一支笔下，一个个鲜活的小故事就被刻画了出来。

我非常喜欢夏加尔的画和这次小展览。

2021年12月16日

跳绳启示

  我们史家小学每年都会举行冬锻系列比赛，今年是我参加的第四届，也是小学的最后一届比赛。跳绳是我最拿手的项目，今年我继续代表班级参加跳绳比赛，我特别骄傲，也特别自满于去年的成绩，心里想：今年和去年肯定没有什么太大的区别。可是，不好的事情发生了，今年的单摇比赛，我的成绩和排名与去年几乎没有什么区别，取得了第三不错的成绩；可是，令我非常惊讶的是，我的双摇竟然从去年的第一直接降到第四。当我听到成绩时，我的心情糟透了。不过，通过这一次跳绳比赛，我明白了很多，在之后的生活中，我向大家保证：再也不会骄傲，自满于现状了。

  现在已经是12月了，我们学校的冬锻系列比赛也已进入尾声。在跳绳比赛之前，每天晚上爸爸都会带着我去地库练习，可是我每一次都漫不经心，心想：我这么高的水平，没有什么人可以超过我，根本不用练。但是，在比赛的时候，我竟然失误了，单摇只跳了127个（裁判数了121个），双摇也只跳了66个（裁判数了60个），结果就是一个第三、一个第四。得知成绩后，我立刻就把头低下来，不停地叹气，为什么会如此之差？其实我和爸爸心里都有了答案。

  在我和爸爸看来，最后一次冬锻跳绳比赛我的成绩并不是特别好，为什么呢？是因为我没有认真训练，还盲目自信，总觉得自己很厉害，夺冠没有问题。结果不言而喻，这是多么可耻的一件事啊！从这次跳绳失利中，我知道也懂得了自己的问题所在。第一，太骄傲了。之所以失利，和骄傲有着巨大的关系。因为我轻敌了，小看了那些拼命练习,和我竞争的同学们。第二,心不在焉。比赛的时候,我太放松了,以至于后来根本没有办法紧张起来,导致自己状态不好,发挥失常。第三,技术不过硬。我的技术如果能再好一点,即使不练,也完全可以靠实力碾压对手,这样,冠军就非我莫属了!

仔细想一想,既然发现了自己的问题,那么就要改正。我要刻苦训练,有这样一句老话"打铁还需自身硬",要想夺冠,取得优异成绩,必须自己具备实力。所以,我必须刻苦训练,练好本领。这样,有了实力的保证,我就可以稳拿第一了。

这一次的跳绳比赛我的表现实在是不好,以后我一定好好训练,加油!

2021年 12月 19日

众人拾柴火焰高

我们美丽的大中国是一个有着悠久历史的国家,先人们为我们留下了一句又一句意味深长的老话,其中就有这么一句,叫作"众人拾柴火焰高"。虽然我知道这句话的意思,但却从没有亲身经历过。盼着,又盼着,几天前,《人民日报》组织了一个活动,参加这项活动的我如果没有大家帮助我投票和拉票,就不会稳坐票数榜前三名了。

在这次活动的参与中,我更加深刻地认识到,到底什么才是众人拾柴火焰高,原来就是当我们需要别人帮助的时候,会有一群人,甚至是成千上万的人对你提供帮助,这应该就是众人拾柴火焰高的最好体现了。所以,我们不能自私,在别人需要帮助的时候,也要向别人帮助自己一样,因为只有众人拾柴,火焰才会高。

我们中国是文明之邦、礼仪之邦,有着很多古语,而且都有深厚的道理,众人拾柴火焰高就是其中之一。我理解它的意思是古人经常要做饭,要加热非常多的东西,都需要拾柴火,几个人一起拾柴火一定比一个人要快,火焰烧得也会特别旺。这句普普通通的话,包含了古人对美好生活的向往和对团结协作的肯定。

我来为大家讲讲发生了什么事情体现了众人拾柴火焰高这个道理吧。几天前,中国科技馆进行了冬奥展品区小志愿者的海选,作为今年的小志愿者,我怎么可能错过呢?于是我也参加了活动,可是因为种种原因,我落选了,心情沉重的我,又一次遭到了沉重的打击。不过《人民日报》之后组织了一个活动,只需要发动身边的亲朋好友投票,之后选出第一名至第三名。爸爸把我的视频上传了上去。发了第一次朋友圈之后,我山西和哈尔滨的家人、爸爸的朋友、妈妈的同事……有几百个叔叔阿姨主动为我投票,而且也把视频发到了自己的朋友圈之中,一传十、十传百,这就像一棵非常高大的树木,从开始的小树苗,不断生长,直到枝繁叶茂。现在的我打开链接看到自己已经有1万多票了,我要感谢大家为我投票,这应该就是众人拾柴火焰高吧。

我来说一说我的感受,作为一个大男孩,不仅仅要对自己好,还要主动帮助别人,这样大家才会帮助你。

我特别开心,感谢这次"众人拾柴火焰高"。

2021年12月23日

目标

现在我们正处于期末复习的阶段，仔细想一想和算一算，最多还有一到两周就要进行期末考试了。我又一次重整旗鼓，认真进行复习，希望在考试的时候可以继续来一个一鸣惊人，如愿得到我想要的奖励。当然了，我们班的每一个同学都有自己的复习计划以及学习目标。我的目标是英语尽量得到100分，如果有些小失误，也必须得98分；语文是我自认为比较强的一门学科，必须上97分，如果可以考98分那就更好了；数学才是我最好的一科，同样也是三科中最容易的一科，所以我一定要把送到手的100分给拿到。现在什么也不说，一定好好复习，这样才能在期末考试的时候取得好的成绩。小王，加油。

据说今年上半学期的期末考试将会在1月10号、11号和12号进行，语文第一，数学第二，英语第三。除去周末，可能也只有不到10天的时间去准备复习了。刚刚结课的我们就被沉重地打击了一下，在考试前，语文老师、数学老师都会为我们打印并发放综合练习，经历一次又一次刷题测试。除了个别同学，其他人都有良好的心态，放松自己的心情、坦然来面对考试，听老师们说这一次，也就是这一届的四年级和六年级要参加区里统测，这和以前一点儿也不一样，以前是我们学校同年级的老师阅卷，一道题一道题认真批阅，可是今年会改为全区的老师流水阅卷，一个老师判一道题。我们可太难了。

现在我来说一说我到底是怎么进行复习的吧。语文：最近语文吕老师带着我们和卷子干上了，这一周从周三开始，一直在刷题，希望明天做的是最后一张卷子。数学：最近数学老师花了天大的价钱，给我们打印了一套又一套专项练习，好不容易拿到手，我又得一遍又一遍地做。与语文和数学相比，英语就好多了，在上课期间，老师会让我们抄写东城区发布的复习资料。

这个学期已经开始倒计时了，我一定要好好学习、认真复习，争取在考试的时候可以好好发挥，超过胡梓诚和朱芯仪！加油，你可以的，小王。

2021年12月30日

我是"富二代"

"富二代"是一个不太好的词语，它的意思就是这个人的父亲特别有钱；"富三代"就是这个人的爷爷非常有钱。从我懂事的那一刻开始，我就觉得我们家的条件特别好，所以我从出生就认为我们家和我都是"富二代"。可是当我长大，真正懂得大人们的艰辛之后，才真正明白，我们家根本就不是什么"富二代"，我所享受的一切只是大人为了让我可以感受到生活的优越而耗尽自己的所有心血，努力工作给孩子们最好的安排，而对自己却什么都舍不得。

说句真心话，有些时候我真的以为自己就是个"富二代"，因为从我记事起，我想要什么、想去哪、想吃什么……只要是合理的要求，不管多贵和多难，他们都会满足我，所以每一次爸爸妈妈给我买了东西之后，我就会特别骄傲地拿出来给好朋友们看。我天真地认为：之所以爸爸妈妈给我买喜欢的东西，一定是因为我们家太有钱了，我绝对是一个名副其实的"富二代"，每每想起这件事情，我都会很开心，也为我生在这个家庭而自豪。时间一分一秒地过去，我长大了，更像一个男子汉了，可是我最亲爱的人——我的爸爸妈妈额头已经慢慢长起了皱纹。还记得有一次妈妈告诉我："在这个世界上可以用钱买来的东西就是最不值钱的，父母的爱、同学的友情以及时间，这些都是不能用钱来衡量，它们才是最珍贵的。"

现在，慢慢地，我懂得了，我们家就是一个普普通通的家庭，和"富二代"一点儿关系都没有。之所以爸爸妈妈给我买许多礼物，是因为他们希望尽自己的努力，把最好的生活给我。这些都是他们努力用勤恳工作换来的，所以我一定要把我可以支配的零花钱合理利用，该花就花，不该花就一定不能花。

为了"富二代"爸爸和"富二代"妈妈不因为我而操心，在这一篇日记当中，我向他们保证，第一不乱花钱，钱是大人们用努力换来的，不能随便乱花；第二不多花钱，钱是有限的，不要无节制地花；第三就是合理花钱，钱必须花在有需要的地方，还要学会合理分配。

我喜欢当"富二代"，更喜欢"富二代"家庭中的爸爸妈妈，这是多么美好的一个家啊！

2022年1月1日

新年

　　昨天是2021年的12月31日，也是2021年的最后一天。2021是不平凡且值得回味的一年，时针在钟表上飞驰的步伐就像时间的翅膀一样，怎么抓也抓不住。这一年中我有很多方面，例如学习成绩、体育锻炼等都有了显著的提升，不过也有很多方面我却原地踏步，甚至向后倒退，这些东西都是我在2022年要改正和提高的。今天我们即将告别美好的2021年，来到崭新的2022年，我希望在2022年到来之际，我可以用最饱满的状态来迎接新年。在这里，我祝家人和朋友们元旦快乐！

　　回首2021年，我的每一天都是充实而快乐的，如果可以再给我一次机会，我一定会继续好好努力，为自己留下一个更美好的2021年。少年的心态已经端正，希望的曙光就在前方。"书山有路勤为径，学海无涯苦作舟"，让我们一起携起手来，一起迎接即将到来的美好的2022。

　　首先来介绍一下我自己，本人是一个文武双全的胖子。文就是在学习方面，我在班级中名列前茅。武就是体育、篮球、足球、羽毛球、跳绳和游泳，在这些科目中，我虽然不是最强的那个，但也算有两下子，足以。2021年的我已经11岁，并已步入六年级，这也使我的2021年更加难忘，一会儿我将从以上几个方面开始跟大家介绍我的2021年。

　　在"文"这个方面，我的进步可真是太大了。这个学期数学的单元测试中，我一共获得了五六个满分，比起上学期那可怜的三次，表现算好得多了，在数学方面，我继续保持优势，而且在我最为薄弱的几何方面也掌握得更好了。圆的周长、环形的面积在我的笔下，都成为我的手下败将。语文这个方面是我最擅长的，基础知识、阅读理解、作文，在爸爸和老师的指导下，我更有信心。去年的一个学期，在卷子比今年简单的情况下，我还有一次下了 90 分，两次下了 95 分。今年可就不同了，我不仅仅取得了两次满分，还从没有低过 95 分。艺术方面，我的钢琴正在练习中央音乐学院七级的曲子，从刚开始一个音一个音地蹦到现在可以流利地演奏出曲子，老师说差不多等到了今年暑假就可以去继续考试了。吉他是我最喜欢的乐器，因为我有一些吉他方面的天赋，1—4 级这一本书里的曲子都被我熟练掌握，吉他老师也说只要音基考下来，吉他就是妥妥地过，哦，对了，马上音基考试就要开始了，我一定要加油啊。可是在文这个方面，我同样也有原地踏步或者退步的地方，那就是英语，不知道是不是因为题量更大、题目更难了，我的英语成绩正在原地踏步，和上个学期一模一样，我的英语从来没有得过 100 分，反而一直在 95 分和 98 分之间徘徊，而且问题不出现在某一个方面，意思就是说没准儿这一次错的是阅读理解，下一次就变成了语法，再下一次就是听力或者作文。现在，爸爸正在努力训练我的听力和阅读理解，争取在期末考试的时候，可以把一切问题都给甩开，一鸣惊人，考它个 100 分。

在"武"的方面，如果一个人只有"文"没有"武"，或者只有"武"没有"文"，都不算一个合格的好汉。在这一年中，我在体育方面有了突飞猛进的进步。首先是篮球，篮球是我和我们班大部分男生最喜欢的一项运动，每天中午挤出时间的刻苦练习和比赛都是为了有更多的上场机会，以前的我特别"独"，只要队友一把球传给我，我立刻就投，90% 是三不沾，10% 是碰到网的，现在的我只要有三分空位，我才会投出去，然后直勾勾地盯着篮筐，只见皮球不偏不斜地进了，只听四面掌声如雷，真心满足。另外，我的体格更加强壮，突破到内线的时候,一个上篮得分,或者是一个突破分球的助攻也可以得分。其次是羽毛球,羽毛球是我们王家这一辈和上一辈最着迷、最喜欢的运动。以前的我除了胖一点儿没有其他优势,不仅跑得慢还打不了高远,吊不了质量好的小球,也放不了小球还"杀"不死对方。经过这一年来刻苦训练,我有了进步,也可以取得一场比赛的最终胜利。最后是游泳,和羽毛球一样,游泳也是一项竞技运动,我对游泳冠军的崇拜使我更加努力地练习。昨天下午打完两个小时的羽毛球,我就到万豪酒店游泳,令人意想不到的是,我1公里混合泳竟然游到了22分2秒,以前我的最快纪录是22分56秒。今天打破了自己的纪录,我可真呀真高兴!偷偷告诉大家,2021年的最后一天,我真是太累了,但是特别充实,上午在学校进行新年联欢会,紧接着就是四个小时的羽毛球和1公里游泳。我累坏了,不过还算充实。在"武"这个方面,我有两个退步的地方,第一个是跳绳,去年我是年级第三名,双摇冠军,可是到了今年,因为我太骄傲而大意了,聪明反被聪明误,到最后我单摇第三名、双摇第四名,彻底失败。第二个是我后悔莫及的足球,上学期我非常荣幸地加入到学校的足球队,因此我的水平有了提高,可是校队解散之后,我就没有再踢过足球了。

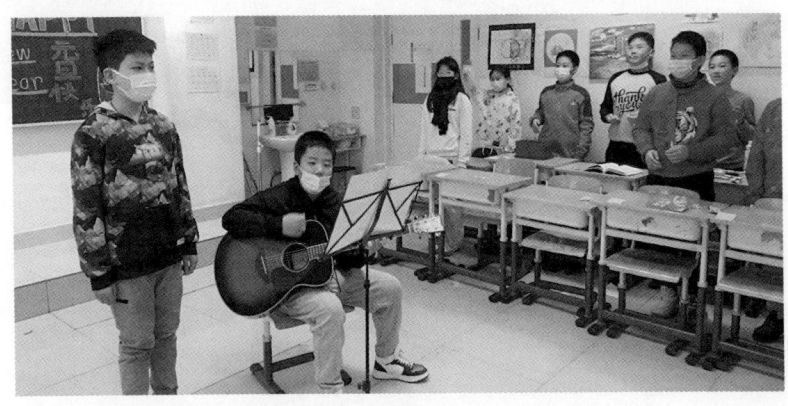

班级迎新年联欢会上,我吉他弹唱获得了同学的称赞

我非常喜欢我的 2021 年，因为这是硕果累累的一年，不仅仅我的本职工作——学习有了突破，在运动方面也取得了不小的成功与进步，就拿游泳举例，我的成绩比去年足足快了 54 秒，这应该是我一年中最大的收获吧。从今天开始，我就正式进入了 2022 年，我对这一年充满了憧憬与希望。第一，马上就要进行期末考试，这也说明一件事儿，再过一个学期，别人畏惧的小升初考试就将举行。英语丢分就可能导致与别人的差距，所以英语这门学科可千万不能扣分，希望在期末考试的时候，我的英语成绩可以再上一层楼。第二，这次跳绳比赛的失利是对我的激励，它告诉我，一定不要失败、不要骄傲，否则的话，天外有天，人外有人，等我什么时候明白这一点，冠军就一定是我的。加油吧！

这一年，爸爸还带着我走过红色之旅，去过四个城市旅游；带我参观了无数的展览，拓宽了我的视野；陪我打卡了一个又一个景点，让我的生活丰富多彩；还和我一起听了一段又一段评书和故事，让我积累了很多知识……谢谢家人为我的付出！

下面我再来给大家讲一讲我的 2021 年感悟，第一就是时间过得太快了，脑子里全是 2021 年，就这么糊涂地过去了，只剩下呆滞的我。第二就是大家都不容易，2021 年中国全面步入小康，2021 年中国共产党建党一百周年。如果没有一个个像鲁迅先生说的"埋头苦干的人、拼命硬干的人、为民请命的人、舍身求法的人"，中国就不会有今天的发展和进步。今天已经是 2022 年 1 月 1 日，祝我的老师，同学和家人们、朋友们新年快乐、万事如意，一定要虎虎生威哦！

2022年1月4日

感动

  众所周知,我们人类是高级动物,所以,情感最发达。在我们的生活中,一般会有情感上的"五味",比如说开心、沮丧、激动、生气以及感动。我是一个非常感性的孩子,所以在我身边让我感动的事情非常多:小猫长大、在困难与挫折时候朋友的鼓励等都会让我感动。老师跟我们说,爱是可以互相传递的,所以我们一定要让身边更多的人和我们一样,也能体会到感动的魅力。

  感动是什么?我们人与其他生物不同的是,人有着非常丰富的情感。我认为:喜和怒这两个情绪出现的不是太频繁,在情感几兄弟之间,感动的确是最常见的。也许在你失败时,有人给你鼓励;也许你被某一个英雄人物的气节和事迹感动;也许你不一定会因此而留下眼泪,但是谁也不得不承认,让人感动的确是一件特别好的事情。幸福是会被传递的,我们一定要让爱飞舞。

  下面我来给大家分享一件令我非常感动的事情。我们学校的冬锻系列比赛已经结束。跳绳比赛,我之前觉得自己会跳得特别好,冠军一定是我的囊中之物,可是比赛结束之后又过了好长的时间,成绩终于出来了,我边抱怨边和好朋友张子儒来到成绩单前,往上面一看,跳绳单摇是年级第三名,还凑合,可是目光刚一落到双摇成绩,我立刻就傻了,因为我只拿了一个年级第四,心情特别低落。这个时候,突然有一只温暖的小手出现在我的肩膀上,回头一看,是张子儒,他盯着我并对我说:"哥们儿,没关系,你也为咱们班争光了。"一开始,我特别难受,眼泪就在眼眶里打转,但是有了朋友的鼓励,感动之后的我变坚强了，即便是回家路上同学对我的嘲讽，我也一笑了之或是不去理会，因为张子儒的那句话，深深地激励着我，也深深地感动了我。回家之后，我在床上翻来覆去，想了很久。我认为：不仅仅是这样一件事情可以感动到我，其实还有很多事情可以让我感动，而且语文老师曾经和我们说过，"爱是可以互相传递的"。别人对对我们的鼓励带给我们感动，我们也要把别人给的感动转化为自己对别人的爱，所以我们要一起牵起手，让爱在传递中发扬光大。

我一定会好好努力，让爱的种子在世界种下。为了这个目标，加油！

2022年1月9日

护虎

在中国，有这样12种动物家喻户晓，它们就是中国的十二生肖，每12年就会重复轮到一次，老虎在十二生肖里排名第三。今年是虎年，也是我的本命年。在我们国家的东北地区，有着一种国家一级保护动物：东北虎，这种老虎长相威严，在全国享有名气。作为中国人，我们一定要爱护现在仅存的野生东北虎，在家里也要保护好我这只小老虎和爷爷这只老老虎，祝大家虎年大吉。

在中国境内，野生东北虎大概只有50只，所以我们每一个人都应该尽自己的一份力来保护东北虎以及它们的家园——大自然。在这里，我把我的护虎小妙招和大家分享一下：一是我们要保护好东北虎的美好家园，因为如果家园被人类肆意破坏，东北虎就没有生存的环境了。还有就是如果水被污染了，空气和食物也被污染了，它们的健康也会受到不必要的损伤。二是不要伤害它们。作为保护动物，东北虎不应该被伤害，反而它们更应该安全地生活，不受人类干扰，也不会有危险感。除此之外，我们还要多了解东北虎。

今年是我的本命年，作为家里的小老虎，家人们都在尽自己的全力给我营造一个好的"生长"环境。痛风的爸爸每天坚持给我做饭、送我上下课、带我复习……"上班族"妈妈每天早出晚归，辛苦地为整个家付出。正是因为有了他们，我才可以获得满满的幸福感。

除了凶猛的大型食肉动物，我们国家还有很多属于自己的动物及植物，也许它们不一定都是国家级保护动植物，但是也都是我们的好朋友。无论高低贵贱，都值得我们去保护、去爱护。友情之花，永远绽放。

还有三个多月，我就会正式成为一只虎龄为12岁的大老虎了。希望这只大老虎可以不用大家保护，用自己的正义感和英雄感，让身边的人都因为我和爷爷这两只虎而感到安全。加油！

祝大家虎年大吉，虎虎生威！

2022年1月13日

快乐

　　快乐到底是什么呢？我相信每一个人都会有自己与众不同的答案，有的人说是玩整整一天的手机，也许有的人是说打一整天的篮球……后者就是我认为最快乐的事。可是这个世界一般都是公平的，有的人快乐了，他背后的人就必须得付出精力、努力和钱财，所以我领悟了一些道理：首先，一个人要想快乐，不能把事情一次做绝；还有就是快乐并不是自己所赐，而是由许许多多愿意为你付出的人，在背后默默地付出。我们已经长大了，应该更懂事。

　　快乐是什么？从科学的角度来讲，快乐是人的一种好心情，当人们快乐的时候，身体就会分泌出一种有益物质。也许快乐这两个字对于每个人来说都不一样，先说一说我，我不喜欢学校，因为那里太拘束了，我的快乐就是不用上学，天天运动，我的好兄弟张祎晨则是喜欢上学。此刻的我就一个人独自在家，快乐极了。我每天的生活其实都很快乐，根本就不是别人所说的"我的生活中每一天都非常压抑"。

　　我的快乐其实特别简单，不过爸爸说像我这样只想要一时的快乐，那就叫任性了。其实我的这种快乐确实是有一点过头，我的快乐其实就是：奥力健身刚刚开门的时候，我就去打篮球，早晨、中午和晚上的三顿饭都吃老爸炸的鸡翅，而且因为我，奥力健身当天没有篮球大课，场地都归我一个人使用，打到半夜，累得精疲力尽再回家。

　　昨天下午，老爸早早就把我从学校接了回来，这一下午我们写作业，和福德叔叔他们打羽毛球，同时也上了钢琴课，爸爸发了朋友圈,其中有些同学家长说我并不快乐,在这里我想反驳他们,其实这样每一天的生活我都非常快乐,虽然累,但是我喜欢在运动场上挥洒汗水的乐趣,我巴不得每天都不用上学,和爸爸一起运动。此刻,我躺在我新搭建的秘密基地之中,回味着老爸早晨和我说过的话,想起来了,爸爸说这个世界是相对的。举一个比较简单的例子:一对父子,儿子天天特别开心,可是父亲却要为儿子的开心付出很多,所以,我们要懂得大人们的好,做一个知恩图报的人,在他们需要我们陪伴的时候,尽自己的全力送给大人一个美好的晚年。

现在,我正在秘密基地里写作业,不用去学校上学,我的心里是最美的!祝我好运吧。

2022年 1月 17日　　　　　

好习惯

"不听老人言,吃亏在眼前。"这句话看似很搞笑,但是,从我记事起,这句话就由妈妈一直在我耳边说。那个时候,爸爸不管我,一个又一个好习惯都是妈妈赐给我的精神财富。长大了,我和同学们在一起生活,自然就形成了一些不良习惯,如办事拖拖拉拉、撒谎什么的。开头所说的那句话还真就应验了,今天我因为我的拖延症就付出了代价。同时,通过这件事儿,我也明白了一个道理,拥有好习惯是多么的重要,我一定要努力改正错误,成为新的自己。

从小妈妈就教给我好习惯,比如说每天坚持刷牙两次以及洗脸、做事快和听话等。但是,长大之后,我和小学同学们混得熟了,原来那些好习惯只保留了一小部分,剩下的全部化为乌有,甚至有的还演变成了撒谎、骗人、做事不认真等恶习。我非常想问自己一句,我还是原来的那个王瀚楗吗?真是"不听老人言,吃亏在眼前",这句话灵验了。我,顶天立地的男子汉,竟然真的因为没有听妈妈的话而吃亏,是对我的一个极大警告。

事情是这样的,因为老师很信任我,所以我就理所当然承担起了考勤员的任务,这厚厚的一本考勤簿不仅仅需要记录第几周的第几天都谁没有来,另外我还需要抄19遍全班同学的名字,其实就是先写上名字,因为派下来的本子只有学号没有姓名,可是只有学号,卫生老师怎么知道是谁呢?本来应该天天记录的我,为了玩儿,就想着等期末再补吧,所以我只把每天谁没来的情况记录在了自己的日记本上。可是,真到学期末,我早就把这件事儿忘在了脑后。结果,今天早上,龚老师要求我把考勤簿送到学校,我立刻就傻了。幸亏有老爸帮我,并且编了一个善意的谎言才勉强完成,要不然就耽误事了。我要听妈妈的话,这样我就可以进行自我控制管理,做回和原来一样听话的自己。

我一定要改掉不好的习惯,这样我就可以在成功的道路上一路向前,获得成功。

2022年1月21日

小王识途

　　满打满算，从出生开始，我在北京这个城市已经生活了12年，从开始干什么事情都是未知，到现在对家的周边信息了如指掌。有一个成语叫作老马识途，今天，我想创造一个更加新颖的成语，那就是"小王识途"。终于，我再也不需要爸爸的陪伴与帮助，我的生活可以更加自立自强。我相信"小王识途"这个新颖的成语，可以通过努力变成"小王地图"。

　　以前去上课外班，甚至去坐班车，都需要爸爸接送。我要说起记忆中的第一次"小王识途"，那就是在一年前的某一天，正好赶上爸爸要体检，爷爷奶奶又没有力气送我，我就开了这个先河，就是自己去坐班车。虽然一路上提心吊胆，但是安全顺利上了班车后，我还是得到了一丝丝宽慰。在这一次之后，我把我心里的这个转盘从不敢拨到了敢。在我印象之中的第二次，就是有一次正好赶上8号，爸爸和那一帮好朋友的聚会日，所以他把我送到新活馆上钢琴课，然后自己去吃饭，并且让我自己下课后去大碗居找他。这个任务其实不难，但是别看就一条小路，但是当天下雨，一路上我的小心脏可是悬得越来越高，赶紧三步并作两步，当到达饭店看见餐桌上的叔叔们为我点赞的时候别提有多高兴了。几个月过后的今天，我每次去新活馆上课，都是自己走，"业务"别提有多么娴熟了。之后还有让我最骄傲的一次，那就是我去璞邸酒店上游泳课，原本上午10点就下课，可是因为当天有大雪，教练没有打上车，所以9点30分才上课，10点30分才可以下课。如果老爸来接我，中午饭就没人做了，所以这一次我还是自己回家。虽然从北京站到家的这一路上，爸爸给我打了无数个电话，中途我也走错了一次，但是最终我还是有惊无险地到家了。

我认为：在小王识途的背后，有很多值得我感谢的人，首先就是我自己，我的勇气注定是我这一生中最宝贵的财富，所以先要感谢自己给予自己的勇气，其次谢谢老爸和老妈敢于放手，这样使我更加自立自强。从此以后，我做任何事情都不需要爸爸接送，一辆小自行车、一张公交卡和两条勤快的小腿，足矣。

我相信，小王识途，一定会越来越成功。

2022年1月23日

寒假生活的苦与乐

今天是 2022 年 1 月 23 日，我的寒假生活已经过去了两周。就这不到两周的时间，就可以映射出寒假的影子。在这两周中，我有苦也有乐，还有一些惊喜和遗憾。也许，这个寒假对于别的小朋友来说，可能是以乐为主；但是对于我来说，因为北京又有了疫情，我好不容易得到的去三亚的机会也泡汤了，所以我的假期是苦涩的。真心希望北京的疫情可以被有效控制，然后我就可以顺利去三亚了。但是，我还是特别期待我的 12 岁寒假。

之所以我选择这个题目，是因为在今天早晨的北京交通广播《一路畅通》节目中，我听到当天的互动话题是"寒假生活的苦与乐"，于是，我把大脑瓜子一拍，就写这个吧！而且，这个寒假对于我来说很有意义，因为它是我 12 岁的寒假，是一个本命年的寒假。

苦：这个寒假的苦占 80%。首先是我的期末考试成绩不尽如人意，我的语文成绩最差是 92 分；数学也不理想，是 96 分；英语有了突飞猛进的进步，是 98 分。和身边人一比，我的这个成绩也没有考出我的真实水平。本来我和爸爸计划一起去三亚度假，还会看一看姥姥姥爷，但是因为我去过丰台区的玉泉营街道，所以我被要求居家观察。这一大棒槌，直接给我打晕了，三亚之旅就这么泡汤了。

乐：这个假期其实也并不是只有苦，也有乐。我认为这个假期的乐分为两个方面，一个是物质方面，另外一个就是家人和我自己的生活。在这个假期中，我得到了一个妈妈送给我的华为 WATCH GT3 手表，虎头虎脑真可爱。另外，爸爸妈妈还给了我一部华为 P50 手机，我爱不释手。再就是我的动手能力不好，为了锻炼我的动手能力，妈妈在居家观察的过程中和我一起拼了几个乐高。昨天下午，我拼完了海格以及他的猫头鹰。今天，我计划拼完一只可爱的小老虎，加油。

我非常喜欢我的寒假，因为这个寒假我的动手能力明显增强，乐高在我的手里都可以被拼好，而且我还庆幸我和老爸前天没有去三亚，因为我的新手表昨天到货了。

我非常喜欢这个丰富多彩的寒假生活。

2022年 2月 4日

见字如面　对话冬奥——写给中国代表团的一封信

亲爱的中国奥运健儿们：

　　你们好！我现在生活的美丽北京是全世界目前唯一的一座"双奥之城"。2008年我们就曾经举办过夏季奥运会，那个时候，无数中国奥运健儿斩获桂冠、为国争光；2022年，也就是今年，我们将会举办冬奥会。生逢盛世，非常幸运，我出生在这个繁荣富强的时代。今天的开幕式之后，"更快、更高、更强、更团结"的奥运口号以及一代一代延续的奥运圣火，就会在北京这座美丽的城市精彩绽放。

　　我眼中的冬奥会就是一个冰雪世界，冰墩墩和雪容融将会带着我们更好地体验冬奥的魅力。我眼中的冬奥会是纯洁美丽的，纯洁的冰雪，激情的约会，冰和雪象征着纯洁与美丽；我眼中的冬奥会是激情无限的，来自世界各国的奥运健儿将拼尽全力，争夺那一枚枚意义非凡的奖牌。作为东道主中国代表团的一员，我相信，有了数亿国人的支持，你们一定会备受鼓舞，更加拼搏，也注定会取得最好的成绩。

　　今天晚上，万众期待的冬奥会开幕式将在鸟巢举行，作为东道主，我相信参加活动的演员和工作人员一定会精诚团结，把我们最好的一面向世人展示；将博大精深的中国文化向全世界传递！真心希望你们可以把中国速度和中国力量向世人展现！

　　明天开始，冬奥会将正式开启比赛模式。希望你们可以刻苦训练、努力拼搏、超常发挥，以最饱满的状态迎接每一场比赛，取得优异成绩，无愧国人的期待！希望有实力夺牌的运动员奋力拼搏，为国争光。比赛期间，我和家人会在一起关注有中国运动员参加的每一场比赛，在屏幕前为你们加油喝彩！

  2022年北京之后，即将迎来2026年米兰—科尔蒂纳丹佩佐的冬奥会，也衷心希望你们能够认真总结比赛经验，刻苦训练备战，在2026年继续为国争光。

  作为一名小学生，我现在还没有实力亲身参与冬奥，但是，我会和同学们一起用笔和纸来表达我们对你们的敬意！同时，我会好好学习，认真锻炼，长大以后，我一定会为中国的冰雪运动贡献自己的力量！

  祝北京2022冬奥会成功举办，愿中国健儿争金夺银，为国争光！

  此致

敬礼

史家小学　王瀚槿

2022年2月10日　　　　　　

共青团，我想对您说

亲爱的中国共产主义青年团：

  您好！我是一名来自北京的少先队员，现在正在给您写信。此刻的我心情无比激动，因为还有不到一年的时间，我就有希望成为您组织中的一员。现在的我要好好学习，培养品格，争做一名优秀的少先队员，将来可以做一名更优秀的共青团员。

昨天晚上，我又听了一个小时共青团的发展史，我再次对中国共产主义青年团有了更深的认识。1922年5月5日，中国社会主义青年团（后改名为"中国共产主义青年团"）第一次全国代表大会在广州市东园开幕，这也标志着共青团组织的正式成立。中共领导人陈独秀、共产国际代表达林在开幕式上发表了演说。在共青团的发展史中，培养出了许多优秀人才，他们在共和国的文学、军事、经济、科学技术各个方面都做出了重要贡献。在我看来，共青团是我们少先队员成为党员的一条必经之路，我一定要向优秀的共青团员们学习，继续努力，继续加油。

共青团，我想对您说："您是重要的"！总有一天，我们都会成为一名光荣的共产党员，在这之前，我们要努力加入共青团。在共青团这所大学校里，我们会让自己变得更强，还会和其他团员小伙伴们结识，互相交流、互相学习、共同进步。所以说，共青团是重要的，它为一名少先队员的成长提供了空间和学习平台。

共青团，我想对您说："您是光荣的"！作为少先队员，我们正在奋发图强，努力投入您的怀抱。在我们心目中，成为一名共青团员，从共青团走出来，再成为一名优秀的共产党员，就是至高无上的光荣。为了这个目标，我们一直在不懈努力。

共青团，我想对您说："您是伟大的"！作为广大青少年共同的大学校，您接纳了无数优秀的少先队员，让他们在您的怀抱中茁壮成长，顺利成为一名优秀的共产党员，最终为党、国家和人民奉献一切，做出卓越的贡献，这些都离不开伟大的您。

现在的我是一名少年，很快我就会成为一名青少年。作为一名区三星红领巾奖章的获得者，我认为这只是对我的一个鼓励，并不是骄傲的资本，所以我每天都在努力学习和刻苦训练。我想：如果可以加入青年团，我一定要为团、为党奉献我的一切；为国家的体育事业贡献自己的力量；或者用我手中的一支笔，记录我从一名少先队员成长为一名共产党员经历的一个又一个春秋……我坚信：在不久的将来，通过自己的刻苦努力，我一定会在某一天成为一名光荣的共青团员。

此致

敬礼

史家小学六年级十四班　王瀚槿

2022年2月18日

我眼中的冬奥会

今天是2月18日，万众瞩目的北京冬奥会即将结束。因精彩而绽放的冬奥圣火也要暂时熄灭了。在这十几天之中，无数中国奥运健儿把中国力量和中国速度向世界淋漓尽致地展现。他们在赛场下认真训练，在赛场上奋力拼搏，斩获桂冠，无愧国人的期待！这次冬奥会在我们国人眼中是一次伟大的盛举，许多外国运动员和随行官员离开时，也纷纷表示在北京冬奥会度过了一段美好的时光。更快、更高、更强、更团结的冬奥会口号，在五星红旗的衬托下更加光鲜亮丽。截至目前，中国代表团以八枚金牌暂列金牌榜第四位。从"冰雪弱国"晋级"冰雪强国"，这飞一般的突破，离不开每一位炎黄子孙的努力。

2026年在米兰—科尔蒂纳丹佩佐,期待中国队继续出色的表现,让世界瞩目!

  冬季奥运会和夏季奥运会一样,都是世界性的专业运动会,只不过冬奥会只有关于冰与雪的比赛。从第一届冬奥会一直到现在,世界各国都积极派员参加。冬奥会的比赛项目共有7个大项(滑雪、滑冰、雪橇、雪车、冰壶、冰球、冬季两项)、15个分项以及109个小项。冬奥会的参赛选手明显少于夏奥会,这足以说明冬奥会相对来说受众比较少。但是作为人口大国,中国举办冬奥会期间却成功地"让3亿人上冰雪",可见冰雪运动在中国未来可期!

  下面我总结一下这届北京冬奥会,分为三个部分:开幕式、比赛过程以及闭幕式。

  开幕式:2月4日,冬奥圣火在鸟巢冉冉升起,这就意味着第24届冬季奥运会正式开幕。在观看开幕式的时候,我相信每一个中国人都会感到自豪与骄傲。在各国代表团的出场仪式环节,当我听到电视机里传出"中华人民共和国代表团入场"的声音时,我不由自主站起来,欢呼雀跃,仿佛自己也置身于开幕式现场。虽然中国代表团已经从摄像机前走过,但是我那颗激动的心依旧在剧烈地跳动着,差点从身体里蹦出来,此刻,用心潮澎湃形容自己一点都不为过……我觉得这次开幕式是庄严的、是威武的,也是雄壮的,五星红旗迎风飘扬,这所有的一切都给了奥运健儿以鼓舞,他们才能在赛场上顽强拼搏、为国争光。

  比赛过程:在世界看来,中国的冰雪运动一直不好,因为在2018年平昌奥运会上,中国位列奖牌榜第16名,还明显表现出"冰强于雪"。但是,这一次,他们想错了。四年当中,中国奥运健儿刻苦训练、敢打敢拼、勇于挑战,短短十几天的时间,中国就获得了八枚金牌,不仅仅打破了中国队历史上最多金牌数量的纪录,还获得了团体第四名的好成绩。其中出生在美国的18岁中国选手谷爱凌就为中国拿下两枚金牌以及一枚银牌，在世界关注下为国争光。除了谷爱凌的奋勇拼搏，还有很多感人的事：中国老将徐梦桃与齐广璞都是第四次代表祖国参加冬奥会，终于在31岁之际，两个人分别得到了一枚宝贵的金牌，为自己的努力得到回报，也为祖国争了光。可想而知，在这一枚金牌背后，有多少运动员们的汗水和泪水。向所有为国出征的运动员致敬！

　　闭幕式：有一句老话叫作"养兵千日、用兵一时"，还有一句"台上一分钟、台下十年功"。从冬奥会的角度我认为：运动员在赛场上比赛的时间总是有限和短暂的，但是为这短暂的比赛时间准备的时间却是漫长和艰辛的，这其中的苦楚也只有运动员自己知道。奥运圣火将在后天熄灭，北京2022年冬奥会的赛事也将告一段落，中国代表团即将在家门口"凯旋"。在这里，我衷心地表示祝贺，中国最棒！在这次比赛中，中国速度与中国力量完美向世界展示。3月14日，北京冬残奥会圣火将会熊熊升起，希望中国队可以继续努力，再创佳绩。

　　作为一名小学生，在我眼中：这届冬奥会是异常精彩的，因为北京有着优质的赛道：云顶滑雪公园、五棵松体育馆以及最重要的冬奥村……都是世界瞩目的好地方，而且来自世界各国的运动员齐聚北京，奋力争夺那一枚枚宝贵的金牌，的确是一个魅力无限的运动盛会。这届冬奥会也是美丽的、纯洁的冰雪和激情的约会，冰墩墩和雪容融，这两个小可爱让世界各国的运动员感到温馨。看，在冰上，一个又一个花样运动员，他们在踢腿、跳跃、移动，配合着动听的音乐，多么像一场冰上芭蕾表演。男运动员身姿挺拔，女动员身轻如燕，他们的表演既和谐又动人。看，在雪上，U型场地技巧的比赛正在进行，运动员从坡道腾空而起，抓板、翻越，多么潇洒……

　　作为一个运动迷，在我眼中：这届冬奥会是非常激烈的，每个项目都会有上百人参赛，通过预赛、1/4决赛、半决赛和决赛，最终只能有三名运动员登上领奖，不易！在比赛中，很多实力相当的选手同场竞技，异常刺激，而且冬奥会还是友谊满满的。在《中国之声》的广播节目中，我听到许多关于运动员之间友谊的小故事：谷爱凌和苏翊鸣十几岁就认识了，并且在一起训练，正巧今天是苏翊鸣18岁的生日，谷爱凌在U型场地夺冠之后接受记者采访时为他送上了生日祝福。羽生结弦与金博洋这段异国运动员也是好朋友，他们在赛后经常会一起聊天、合影，他们的关系很好。同时，俄罗斯的一名女运动员也非常喜欢金博洋，两人平时互动很多。赛场上的对手在赛场下情意满满，可贵的友情体现在方方面面，这是多么和谐和温馨的场面。

妈妈的家乡在哈尔滨，那里又叫作"雪乡"。我自己是一只2010年出生的小老虎，虽然没有经历过夏季奥运会，但是我相信这次经历的冬季奥运会和夏季奥运会同样精彩。我喜欢东北的雪！非常有幸，我出生在这样一个繁华的时代，我不会滑雪，也不会滑冰，但是我相信我可以用我手中的一根笔，写下动人的文章；我也可以用我不错的口才，努力宣传冬奥；我还可以用实际行动参与冬奥、感受冬奥……

2026年，希望中国冬奥代表团在意大利可以再接再厉，不止于现状，向着更多的金牌进军。在这里，祝贺我的城市北京成功举办第24届冬奥会，在未来的冬残奥会上，希望中国健儿努力拼搏，勇争冠军！

2022年2月19日

学习计划和新学期愿景

今天是2月19日,后天,我们就要重返校园了。此刻的我心情无比沉重,这是我小学生涯当中最后一个学期,我一定要用自己最饱满的状态来为我的小学生涯画上一个完美的句号。在这里我有我的学习计划和愿景,希望在这个学期我可以努力完成。这不仅仅需要更加努力、认真地完成学业,还要在运动、劳动等方面取得进步。新的学期,继续加油。这个学期结束之后,我就要离开小学了,更要努力才行。

这个学期是非常特殊的,我认为可以用一句话来形容,就是这是小学的最后一个关键学期。虽然我已经是一个六年级的学生,但是我还是有很多缺点和一些问题,我希望在踏入初中之前,可以让自己身上的优点发扬出去,缺点都甩掉,所以,我要制订学习计划和新学期愿景。希望可以利用这个计划严于律己。六年级下学期也是一个转折点,小学的生活即将结束,所以需要养成好习惯。总而言之,这个学期很重要,它是小学的终点、中学的起点,太关键了。

新学期我需要这么做:第一,努力学习。作为一名小学生,我的首要任务就是学习。上学期的期末考试,我发挥失常,考得并不理想,这个学期就要经历小升初的考试,抓紧时间学习才是一个六年级学生应该做的。第二,团结同学。小学毕业之后,我和同学们就要各奔东西了,所以最后一个学期非常珍贵,必须要和大家团结,和平相处。第三,多运动。我是我们班的体育委员,体育还挺不错,但是我有小肚子,全是肉,所以我想在上初中之前把小肚子减掉,这样我就可以掌握更多的运动技能。加油!

在新学期我还有一些愿景:一是我可以改掉自己的缺点,发扬自己的优点,这样我就可以更优秀。二是在毕业班之中,2016届十四班可以站在顶端。马上我们六年级的各个班级就会成为一个又一个毕业班,希望我们班每一个同学都可以有进步,在各个方面都突出,更加优秀。

以上就是我的学习计划和新学期愿景,还有两天我们就要正式回到校园了,我一定会严格按照以上的每一条做,这样就一定会更加优秀。新的学期,新的气象,我一定要加油,努力学习,认真锻炼,我一定会进步,祝我在学校愉快地度过小学的最后一个学期!

每个有娃家庭必备的那面荣誉墙

2022年2月22日

我与《熊出没》的故事

  在我的童年记忆中，有很多部各种各样的动画片，我最喜欢的是《熊出没》《喜羊羊和灰太狼》《海绵宝宝》。你可千万不要小看这些动画片，虽然有人会感觉国产动画片很幼稚、很无聊，但是对我来说，却是百看不厌，因为它是我童年最美好的回忆。开学前一天，爸爸带我去传奇奢华影院观看了《熊出没之重返地球》，可以说，这部影片是我最近看过最精彩的一部。今天，我就想通过介绍这部电影，来谈一谈我这十多年和《熊出没》的故事……

  《熊出没》是我小时候重点关注也是迄今为止我最喜欢的一部动画片，从刚有一点记忆开始，我就会在家里和爷爷奶奶一起看。那个时候的我不识字，也听不懂电视机里各种奇怪的声音，于是我就专心关注剧情里面人物的每一个细小动作，比如说当光头强拿起大锯子想砍树的时候，"保护森林、熊熊有责"的声音就会立刻从熊大和熊二嘴里冒出来，接着一只棕熊和一只黄熊站在可怜的伐木工身后，再听到乒乒乓乓一顿乱打中夹杂着光头强叫苦不迭的惨叫声，印象太深刻了！那时我只有三岁。

  很快，我识字了，也能够更好地观看《熊出没》并且熟悉剧情了。在4~10岁那个时间段，我继续一集接一集地观看《熊出没》，只不过看得更加认真了，对内容的理解也更深刻了。这几年的时间里，《熊出没》的画质也越来越精美，我很享受那段时光！

  终于，《熊出没》出电影了。在我10岁的时候和今年春节，《熊出没》陆续上演了《熊出没之狂野大陆》和《熊出没之重返地球》两部电影。这两部电影在我看来都非常刺激，画质提高了，而且有了更加丰富的剧情，更重要的是3D技术第一次在《熊出没》的大家庭中出现，真好！《熊出没之狂野大陆》讲述的是光头强本人误入狂野大陆，在竞赛中拔得头筹，却意外地揭开了一个不可告人的秘密，打败霍普，成功解救了大家。《熊出没之重返地球》讲述的是阿布与贪得无厌的牛夫妇作战，希望点燃灯塔来找到他的父母。众人与阿布结盟，因为脑子中有核心记忆，熊二意外解锁飞船状态，英雄熊二又一次把大家从"天火"的虎口中解救。人类的贪婪不可有，地球只有一个，我们要珍惜和保护它。

前段时间，我无意中听说2024年《熊出没》将退出市场，这真是一个不好的消息。可是随着我的不断关注，就在近期，官方表示《熊出没》及方特公司将不会下市，除非遇到不可抗拒力，这又是一个天大的好消息。

感谢《熊出没》的陪伴。我喜欢看《熊出没》，更期待熊大、熊二和光头强以后更精彩的故事！

2022年2月24日

诚实

在我看来，一个人最优秀的品质就是诚实，只有诚实，才可以被信赖，我们的生活才会过得更好。在生活中，我偶尔会不诚实，主要表现在在家人面前和在学校完全是两个人,而且有时候我还会说话不算数,爸爸妈妈总是会因为这样的原因批评我。昨天下午,在上钢琴课之前,因为我开学的表现不错,所以爸爸奖励我去买卡牌和盲盒笔。令我没想不到的是我准备用四块钱买两包卡,阿姨竟然给了我三包,但是我还是毫不犹豫地将多出的那一包还给了阿姨,我真是太诚实了。

事情是这样的:昨天下午,放学回家,爸爸说:"儿子,你把跳绳比赛的奖状拿回来了,爸爸必须好好奖励你。"于是,经过爸爸的同意,我从家里拿了十块钱去新活馆买东西。我是这样给自己设计的:一般情况下,王者荣耀的盲盒笔一根是六块钱,剩下的四块钱就可以买两包我心心念念的植物大战僵尸卡牌。实际也是这样的:我买笔花了六块钱,正好还剩四块钱,于是我又回到玩具铺前。"给我拿两包植物大战僵尸的卡牌,阿姨",我说,同时把两包卡牌的钱付了。可是我突然发现,因为阿姨的一时疏忽,不小心给了我三包卡牌,我二话不说,直接把多出来的那一包还给阿姨。手里捏着卡牌的阿姨自言自语说"这个小伙子还挺诚实"。我的耳朵好,这句话听得真真切切,心里也特别开心。

有这样一句老话"勿以善小而不为,勿以恶小而为之"。虽然我不要求什么回报,但是老天有眼却给了我无形中最好的回报,那就是在这两包卡牌之中,竟然开出了封面款的其中之一,也就是KO级别的铁茶壶功夫僵尸,我太开心了。

我认为大家都应该像我昨天的那一刻一样,做一个诚实的人。诚实不要求回报,但是你会让自己的心里非常开心与踏实。做一个诚实的人吧,从现在开始!

2022年3月1日

团队的力量

"团队的力量是无穷的"。在我们的生活中，小到柴米油盐酱醋茶的一日生活琐事，大到奥运会夺冠的大事，都体现出了团队的重要性。就拿奥运冠军谷爱凌、苏翊鸣举例，在他们夺冠登上领奖台的那一刻，看似荣耀满满，但是在他们背后其实都有着团队的默默付出，而团队成员又不可能全部都是光鲜亮丽的，这就是团队真实存在的写照。在我们的生活中，很多场合都离不开各种各样默默付出的团队，向他们致敬！在写完这一篇日记之后，我一定会有所收获：收获在团队中与大家合作的快乐；收获更多丰富的知识；也会收获体验团队无穷力量的幸福！

首先，我要说一下这篇文章的写作灵感，它来源于我和爸爸的交谈。每天送我上学的路上，爸爸都会和我聊一些在我看来遥不可及的大事：两分法、唯物主义、俄乌战争、小概率事件和中国足球……这两天，爸爸又跟我聊起了刚刚过去的北京冬奥会。在赛场上，无数中国奥运健儿奋勇拼搏、超常发挥，一次又一次站在领奖台上为国争光。这个时候，我们可能会有这样一个想法，那就是那些夺得奖牌的中国健儿所取得的成绩，应该是他们日日夜夜辛苦付出所换来的，这枚奖牌应该就是属于运动员自己。可是通过和爸爸的交流，我才明白我的这个想法是错误的。原来，在这些光鲜亮丽的运动员身后，还有强大的祖国、贴心的家人、温暖的朋友和为他们默默付出的教练员、陪练员、后勤人员……这些默默奉献的人们就组成了团队，也正因为有了团队的支持和保障，运动员才可以取得更多优异的成绩。

个人的优秀和团队的力量相比较，是微不足道的。就拿中国冬奥会冠军谷爱凌举例吧。她是一个优秀的运动员，但是如果没有国家和中国代表团的培养和支持，年仅18岁的她不可能进入国家队，也不可能在冬奥会的赛场上斩获桂冠、为国争光。再比如说马云，在创业阶段，他不可能一个人去打拼，而是要和他的合作伙伴一起精诚团结去努力。在发展阶段，也会有许许多多的专业人才在不同岗位上默默付出，为公司创造财富。正是因为这些人组成了优秀团队，才让一个微不足道的小公司成为现在鼎鼎大名的阿里巴巴集团，马云也在福布斯富豪榜榜上有名。在我身边，还有着一个又一个的足球俱乐部。说到俱乐部，当然是好几十名运动员聚在一起训练比赛，而且赛场上需要11个人默契配合。如果只靠一个人，即使技术再好也踢不赢啊，所以11个人才是团队的体现。

　　一些老话说得好"好汉架不住人多""双拳难敌四手""众人拾柴火焰高"。通过上面的介绍，团队的作用一目了然，但是请大家一定一定要记住：加入一个团队就要团结，要学会分享，要共同奋斗，才有可能取得最后的成功。

　　我们的生活离不开团队！

少年追梦记

心有繁花

2021年7月15日

昨天的旅行

　　昨天，我们已经为这个假期按下了开始键，五年级的这一页被画上一个完美的句号。这个假期，因为我的期末考试成绩不错，爸爸妈妈便带着我出门旅行，这次旅行我们主要想去的是西安、兰州以及银川。昨天是我们一家三口出发的日子，从北京去西安。我们一家三口比别人都整整早到一天，在这一天的时间里，我可以痛痛快快地享受自由行的美好。过了今天，爸爸妈妈的大学同学和他们的孩子就要来了，我们就不可以自由行了。

　　来到西安的第一天，我非常开心、兴奋、激动，希望接下来的这几天也开心。昨天上午，我在爷爷奶奶家7点20分就起床了，吃过早餐，回家之后把行李都收拾好，乘坐地铁前往北京首都国际机场。过了一段时间，我们终于又一次踏进这个熟悉而又不太熟悉的大机场，熟悉的是这个机场，不太熟悉的是疫情期间，机场进行了改造。在机场休息室，我完成了作业。12点30分，飞机起飞，14点15分，飞机平安着陆，西安到了。第一天的西安一日游中，我们做了这些事情，入住酒店没得说。去了陕西全运会的奥体中心。众所周知，2021年全国第十四届运动会将在西安举行，所以我认为能够有机会来到陕西全运会的比赛场地，并参加消防队举行的跑步比赛，在牌坊前跳绳对我来说都是无尚的光荣与自豪。我看到了十三朝古都在新时代的灿烂光辉，还能坐地铁3号线和14号线，每一个熟悉我的家人都知道，我是一个特别喜欢乘坐地铁出行的孩子，不瞒你说，我和爸爸每到一个新的城市，不管大小，只要有公交和地铁，我都会请求爸爸带着小小的我坐一次。来到西安这座新的城市，见到满街那琳琅满目的地铁站，我兴奋得一蹦三尺高，现在我已经有幸乘坐了西安地铁3号线和西安地铁4号线以及14号线，在我们的酒店门口有4号线"大差市站"，为我们的小生活提供了便利。

在西安的第一天玩得真开心！

2021年7月16日

爸爸妈妈的同学聚会

我们要理解大人，因为大人也是从小到大这么一步步走过来的。我的爸爸妈妈年轻时怀着一颗为国奉献的心，参军入伍，所以他们的大学同学都是军人，他们的大学时光是在廊坊武警学院度过的。今年的7月13号是大学毕业二十周年的日子，同学一场，当然得聚一聚了，他们把活动地点定在了陕西省西安市。在这里我由衷地祝他们快乐。

因为大学是一个重要的时间段，爸爸妈妈的同学们相处得很好，所以他们每隔几年就会聚会。我认为这是一件好事，也是一个好机会，大家可以聚在一起谈谈心，分享自己的快乐。

我一直想：从全国各地来的同学，他们的孩子年龄、性别，还有喜欢的东西都不一样。所以我一直都在担心，这么多小朋友，我们到底能不能玩到一起？不过我也交到了刘子明、琪琪姐姐、杨景琴等几个好朋友。

周四我们来到西安，活动丰富多彩，7月15日是第一天，主要以休息为主，下午我们在其他人入住的美丽豪酒店休息和玩耍，和朋友们一起玩儿使我非常开心，晚饭直接吃到了将近11点，同学的家属们可以回家了，我担任了看孩子睡觉的任务。凌晨我们几个人出门，吃完夜宵就各自回各自的酒店去休息了。7月16日是第二天，可以称之为我们的博物馆日。上午我们去了期待已久的陕西历史博物馆，感受那异乡的风土人情和历史韵味。通过参观陕西历史博物馆，使我对十三朝古都西安有了不一样的认知。下午我们又参观了西安碑林博物馆，去看一看什么才叫历史名碑。石碑大多数是王羲之等诸多书法名家的真迹拓本。

我期待今后几天的西安之旅，也能像这样充满未知的期待。

2021年 7月 18日

西安地铁

在我看来，西安是一座公共交通非常发达的城市。我是一个非常热爱公共交通的小男孩儿，每当来到一个新的城市，我都会乘坐新城市的公共汽车以及地铁。一来到西安,我全身都开始痒痒了,乘坐了西安地铁,让我体会到了什么叫作轨道交通真正的实力。

西安地铁在我看来是新时代科技与交通的融合体,西安地铁速度很快,自动报站系统先进。在新开的14号线里,运用了电子告示牌和电子车内站点显示,放大放小自如,车厢内有强冷、弱冷系统。怎么样?你是不是一听就非常想乘坐一下?到今天为止,我已经乘坐了地铁2号线、3号线、4号线以及14号线,5天乘坐4条线路,是不是很厉害?

因为西安地铁线路密集,也同样融入了高科技的成分,所以我非常喜欢西安地铁。通过这几天对西安地铁的探索,我发现这几条线路与北京地铁的相同和不同之处(先北京后西安):北京5号线、西安2号线,速度较快,提醒全面,站点较多,这是老线路的样子;北京6号线、西安3号线,都是比较新的,站点非常密集,各站之间时间比较长;北京机场线、西安4号线和14号线,这三条线路都运用了或多或少的科技手段,它们的站点显示屏均为电子版,列车速度较快,唯一的不同点就是北京机场线站点少,每一站长,而西安4号线以及14号线站点多,时间快。

在这里,我想给西安地铁提几点小建议:如果能够让等车时间短一点儿,每趟列车没有区间就更好了,对了,也要加快建设新的线路,西安地铁我喜欢。

2021年7月19日

西安游

  今天是2021年7月19日,也是爸爸妈妈大学同学毕业20年庆祝活动圆满告一段落的日子,在这几天的游玩中,爸爸妈妈和老同学们都找到了当年那真挚的感情,而我们小朋友呢,各自都加了微信,我也和他们交了朋友,也能玩到一起。如果来点评一下这次旅行,我一定会给静元叔叔、爸爸妈妈和房晓峰叔叔一个极大的赞,我认为这次旅行是很好的,我学习了、运动了,也交了朋友,我很满意。

  我把这次旅行分为几个部分,一是学习。来到西安这个十三朝古都,不好好学习一下怎么行呢?博物馆就是一个良好的学习场所,博物馆里面的每一件文物,似乎都在向我们诉说着一个时代的历史故事。这次来,我迫不及待地参观了陕西历史博物馆、西安碑林博物馆以及兵马俑几个博物馆,从中我学到了许多。

  二是友情。爸爸曾经跟我说过,这次聚会注重的是同学之间那永不磨灭的感情,我相信大家都会被爸爸妈妈和同学之间的关系所打动,一般的同学在五年之后,会连一点消息也没有了,而爸爸妈妈和他们的大学同学20年后还能凑齐一半人以上,实在是太不容易了。而我们这些小孩儿呢,则是一起玩耍,把家长们团结一心的精神接了过来。今天散场之后,我们都期待着五年之后能够再聚一次。

  三是娱乐。娱乐在这次旅行中占着非常大的作用,没有娱乐,还能算是什么旅行呢?正巧西安的小吃小喝以及夜生活、热闹好玩的地方可真是太多了,每天晚上的行程结束后,大家总是聚在一起,吃着夜宵、喝着啤酒畅饮到很晚。另外,我们还可以去回民街以及大唐不夜城、古城墙等地方转一转，感受一下西安与众不同的风土人情。

这次旅行我还有一些遗憾，第一，没去成古城墙，那天下着大暴雨；第二，没吃到一些美食，虽然我吃的并不少，但是一些当地名小吃还没有品尝到；第三，很多名胜古迹还没来得及去，因为这次旅行的时间太短了，所以很多名人故居、名胜古迹都没能去成，希望有机会还能再来一次西安。

这次旅行是快乐的、是收获满满的，也是难忘的。

2021年7月20日

兰州游

今天，我们来到了这个假期前半部分旅行的第二站：甘肃兰州。虽然只有短短的两天时间，但是我和爸爸几乎把兰州所有值得打卡的地方全部打卡了，当然在不耽误行程的情况下，我和爸爸也乘坐了兰州公交（BRT1）和地铁仅有的1号线。在这两天的生活中，我们每天都是这样：早上吃过早餐就出发，上午打卡，中午在外面吃饭，下午继续玩儿，晚上回到酒店写作业、吃晚饭，看这一天的行程是多么紧张。

昨天下午，经过几个小时的高铁，我和爸爸从西安来到了兰州这个陌生的城市。来到酒店，一开门就看到了舒适的大床，我立马就扑了上去，柔软如云的床，让我更加陶醉其中，突然听见爸爸的声音，"起来，我们要出发了"。下午，我们乘坐快艇在这一段黄河上转了一圈，王者的气势已进入了我的脑海。我想耳听为虚、眼见为实，光听别人说，和自己看到的果然不一样，壮美的山河，真是祖国的心脏啊。

今天是最忙碌的一天，我们去了两个博物馆和"一山"。两个博物馆是指两个档次不同的博物馆，甘肃省博物馆以及兰州市博物馆。先说省博物馆，我最喜欢恐龙这个临时展厅，这里面有各种各样神秘的古生物，似乎跟真的一样屹立在我面前。兰州市博物馆是一个与甘肃省博物馆无法比拟的小博物馆，虽然小了点，但是这里让我感兴趣的东西，那才真的多，玉器、首饰、青铜器都是我最喜欢的。玉器：这些玉器色泽度很饱满，上面的图案栩栩如生。我趴在展柜上看了好久，口水在不经意间顺着嘴角流了出来。铜器：有着古老的历史，好想拥有一个。首饰：这是我最喜欢的。材质贵重、图案丰富，我恨不得拿一个直接回家。"一山"是指白塔山登顶，缆车、大汗才是真正的关键词。

在兰州，我们主要的交通工具是公交、地铁和共享单车，方便极了。

我爱兰州这座美丽的城市。

2021年7月21日

兰州游记

  2021年7月,我和爸爸来到甘肃兰州。在兰州,我和爸爸玩了两天,虽然只有两天时间,我们却把生活安排得充实有序,所以兰州的特色我们都感受到了,这也为兰州之行画上了一个圆满的句号。兰州之行,我学习到了兰州的文化、品尝到了兰州的美食,也对兰州有了更加深刻的印象,我爱兰州这座美丽的城市。

  这次旅行可以分为吃、住和游三个大部分。吃:一说到兰州,每个人最先想到的一定就是兰州牛肉面,这是举世闻名的美味佳肴。我只是在北京吃过,其实早就想去兰州吃一次正宗的牛肉面了。在兰州这两天,我一共吃了5碗牛肉面,这里的牛肉面正宗,味道极其鲜美,夹一筷子面,在嘴里满满的辣和牛肉味儿散发出来,别提有多美了,再喝一口汤,味道鲜美,这才是正宗美味的兰州牛肉拉面啊!民以食为天,在兰州大街小巷都有拉面店,进去尝一碗一定会让你赞不绝口,我什么时候才能再去吃一碗正宗美味的兰州牛肉面啊?住:来到一座新的城市,得有一个住的地方,我和爸爸住的是希尔顿欢朋酒店(因为没有希尔顿酒店),这个酒店足足有19层高,我们住在15层。向下俯望,脚下是滔滔不绝的黄河,我心潮澎湃,对黄河肃然起敬。黄河母亲像、水车园和小西湖,构成了这一道亮丽的风景线,黄河是多么的壮美啊!游:这次我们打卡了许多地方,参观博物馆是了解新城市的好方法,我们去了省、市两个博物馆,在这里我感受到了兰州深厚的文化底蕴,体会到了革命的无比艰辛,也感受到了像左宗棠那样爱国人士的一片赤子之心。白塔山和玉泉山都是名山,从山脚下一步又一步地往上爬,最终登顶的过程是我和爸爸最喜欢的,可真是风雨过后是彩虹啊,山顶上的风景是我们用汗水换来的。在兰州,我们乘坐了我喜欢的公交和地铁,跑步、走路以及骑行也是我们选择的出行方式,这么多种方式就像一只只彩笔一样为兰州这幅美丽的画涂上了颜色,我认为这次旅行是快乐的,做了很多我想做的事,很有意义。同时也学习到了关于兰州的许多知识,体会了丰富多彩的生活,这些都是美好的回忆,真好,我爱兰州,我什么时候还能再来一次?

2021年7月23日

银川游记

几天前,我和爸爸来到了位于宁夏回族自治区的银川,今天我们就将踏上归途,回到心心念念的北京。在银川的这几天,我深刻感受到了回族与汉族的区别,各族人民万众一心的大团结精神,以及银川那独特的历史韵味,我爱银川。

要是说起银川的特色,那就是牛羊肉了。都说银川的牛羊肉好,今天我终于如愿以偿地吃到了手抓羊肉。手抓羊肉是一道名菜,把羊肉煮得正合适,就算出锅了,一般餐厅会提供酱油和芥菜。体验开始，戴上一次性手套，拿一块儿羊肉蘸上酱料放到嘴中，满是羊肉的鲜嫩以及酱料的鲜香，美味就像遥控器一样驱使你不由自主再来一块儿，希望大家不要错过美味的羊肉盛宴。

这次住的是很好的喜来登酒店，虽然爸爸的白金卡被降到了金卡，没有了很多权益，不过能升级到豪华大床房，总体也是不错的。这个酒店的好处是在B1层有一个条件很好的游泳池，在酒店里，我和爸爸可以学习运动，干自己喜欢的事儿。这为我们的旅行提供了很大的帮助。

这两天的时间，我们去了贺兰山影视城、西夏博物馆、宁夏博物馆和览山公园。我是一个崇拜岳飞的小伙子，岳飞在《满江红》中写道：驾长车，踏破贺兰山缺。壮志饥餐胡虏肉，笑谈渴饮匈奴血。从中能感受到岳飞的报国志和对匈奴的痛恨。昨天我们就去了银川与内蒙古交界的贺兰山，贺兰山有多个山峰，山顶参差不齐，你也分不清哪里是正确的路。在贺兰山上有一些画刻在山壁上，这就是岩画，它们让我猜测到了当时的生活场景，形态各异，造型独特，一直流传至今。咦，那是什么？棕色身体、脚尖尖的，在岩石上跑得好快啊，对，那就是岩羊，它们是国家二级保护动物。我们在山顶看到了岩羊，它们正在奔跑，轻快、有力，很多游客都看到了；在石子路边，我们也看到了岩羊，它们正在悠闲地吃着草；在大道上，我们同样看到了岩羊，它们正在悠然自得地散步。

通过这次银川行，我感受到了中国共产党的伟大，它使多民族融为一体、和谐生活。我们要懂得包容他人、善待他人、尊重少数民族。

我爱你，银川！

2021年8月8日

哈尔滨九日游

　　2021年的暑假已经接近尾声，在这个假期中，我去了西安、兰州、银川和哈尔滨，充实的旅行也为假期这幅炫彩斑斓的图画勾上了富有灵性、色彩的几笔。在哈尔滨，我们待了九天，见到了盼望已久的姥姥、姥爷、豆豆，吃到了哈尔滨最正宗的偏脸子烧烤，也来到了那个我期盼已久的省公务员小区……总而言之，这次哈尔滨之行，对我来说是难忘的，但是也是有遗憾的。

　　在哈尔滨，我吃得可真好，因为哈尔滨大家庭热情，所以除了几天的晚上，其他时间不是姥姥、姥爷、爸爸在家里做，就是一起去舅姥爷家吃饭。我印象最深的几顿饭是在最正宗的偏脸子烧烤和在山河屯的铁锅炖。先说烧烤，牛肉串和毛肚锅是这里最受欢迎的。撸一串牛肉串再加一筷子毛肚锅中鲜味儿十足的蘑菇，简直是绝配。现在的我正在哈尔滨太平机场候机厅，多么想再尝一尝啊！铁锅炖才是东北特色，一个铁锅里，不仅有新鲜的食材，

哈尔滨回乡之旅，亲情满满，收获满满

还有匠人的手艺,更是一家亲人团聚在两个锅前开怀畅饮的美好时刻,浓浓的亲情赋予了大锅炖美味的秘诀,使它尝起来更美味。

  姥姥姥爷家就住在哈尔滨,所以来到久违的哈尔滨,首选一定是住在姥姥姥爷家,虽然换了一个高级密码锁,但是姥姥姥爷家浓浓的亲情味让我很熟悉,我一进门,就扑到了我和姥姥姥爷住的那张床上。听他们说,我一上去就打起了如雷般的呼噜,坐在一旁的他们忍不住捂着嘴大笑起来。那个屋子那张床,就变成了我对哈尔滨温暖家园的最大回忆。

  这次哈尔滨之旅,步行的地方一般都在家的附近,所以非常方便,江北、银泰城等,我都去了,在这里,我见到了哈尔滨美好的一面,这里人来人往、车水马龙,是我最喜欢的。

  哈尔滨是一个美丽缤纷的城市,有着我最亲爱的家人、美不胜收的风景、热闹的街市,这些都是我所喜欢的。

  哈尔滨,我们明年再见吧,我爱这个异常温暖的冰雪之城!

2021年11月15日

冬奥园一日游

  我们北京目前是世界上唯一的"双奥之城",2008年奥运会的火种,在鸟巢点燃,一个个健美的运动员,都在努力为国争光。明年，也就是2022年，冬奥，那纯洁冰雪的盛情约会，又将在北京举行。在石景山区，有一个首钢园，它是20世纪冶炼钢铁的地方，因为污染原因，于2010年搬迁，现在取而代之的是冬奥主题公园，以及奥组委和奥运村的驻地所在。昨天下午，我们就漫步在这里，感受人与自然的和谐、美好、共生，回顾那刻在炉体上的历史，也从中体会了冬奥的文化。

北京曾成功举办2008年奥运会，这一次我们又接过了冬奥的接力棒，冰与雪的纯洁，在等待着运动员们的到来。这次冬奥组委会成员将在石景山群阳湖地区集合，在这周边有许多美景：首钢园区、冬奥大舞台以及一个公园，这些宜人的风景应该会让外国友人流连忘返，也会在他们心中为我们北京留下一个美好的印象。

冬奥园之旅

作为一个小北京人，我竟然连这个地方都没去过，确实是一件不应该的事情。昨天我们一行五人便开始了美好的冬奥会之旅，希望有更多的小伙伴也可以和我一样，多看看我们的大好河山，体验这座双奥之城的魅力。还好，从我们家到目的地仅40分钟车程。一觉起来，映入我眼帘的就是群明湖那美丽的湖畔，这个湖可真是别有一番好景色，我们漫步在东河畔，这里酷似江南水景，一座小阁楼倒映于水中，富有诗意。后面，是首钢的冶炼炉，微风吹来，像是给脸上浮涂上了一层薄薄的粉，太舒服了。我欣喜若狂，打开一瓶首钢文创汽水，继续前行，一会儿到了对岸。这里不仅有乡间小道，边上还有奥运村以及大跳台项目的比赛场地。爸爸拿起手机,给我拍下了富有趣味的一幕:我的脑袋上被强行"扣"上了一支非常庞大的高跟鞋。噗嗤一声,我被逗乐了!又继续转了十多分钟,这次北京首钢园之旅终于圆满结束了。

  我非常喜欢这次首钢园之旅,通过这次小旅行,我不仅了解到更多关于老首钢的故事和新冬奥园的知识,也从内心深处有了更多的感触:首先,我要为我的祖国而感到骄傲,因为有了祖国的强大,我们才可以从富起来到强起来,而且,中国也是一个拥有深厚历史的国家,我们的科技、人文等都有了长足的进步。

  我爱北京的首钢园,我更爱我们伟大的祖国,我喜欢这次冬奥园之旅。

2022年 1月 27日

清水湾两日游

  在我的眼中,海南是一个美丽的省份,这里让我印象深刻的有两座城市:一座是三亚,另外一座就是海口。今天上午以及昨天,我们来到了位于海南省陵水黎族自治县的清水湾度假区观光。在这一天半的时间里,我看了清水湾的美丽房子和让我流连忘返的南湾猴岛。总体来说，我认为这次的清水湾两日游很好！

海南省有形形色色的人和多个城市，当然也包括美丽的城市——陵水，当地的车牌号是琼D，可见这座城市在海南省也有着举足轻重的地位。陵水和三亚的白天气候非常接近，可是到了晚上，陵水的气温下降非常快，感觉非常凉快！

之所以我们来到陵水，是因为姥爷生了一点点小病住院了，姥姥需要照顾姥爷，而且最近几天，珠姥姥和珠姥爷也来我们家，所以在他们要回清水湾的时候，邀请我和老爸一起去。这不，就开始了我们的清水湾两日游。

第一天：当天上午，我们就开车前往清水湾，一个多小时的车程终于抵达目的地。清水湾是个好地方，因为清水湾周边有各种美食，我们先是找了一家据说非常正宗的后安粉店吃了炒粉，一大碗下肚，很是舒服！然后准备下一站：南湾猴岛，爸爸知道我喜欢坐公交车，于是准备等车出发，结果发现这里的公交车发车间隔要一个小时，没办法，我们只能自驾车前往，半个小时到达猴岛。在南湾猴岛，我坐了索道和轮船，看了猴王的杂技表演和小品，还爬了小山，并且在猴子禁闭室收获了知识。南湾猴岛之旅，我非常开心。这天晚上，我们去一家东北菜餐厅吃了晚餐，还拆了盲盒，玩了卡丁车，我真是太开心了！

第二天：这天早上跑完步、游完泳，和珠姥爷一起贴了春联，配合相当默契。上午，我还去了二龙舅舅家，感觉有点闷。在游泳池玩的时候，我被爸爸推进了水里，成了名副其实的小水孩！可恶的小老爹！

这两天的清水湾之旅，我特别开心！今天下午的私教，我要加油啊。

2022年 2月 1日

我在三亚过大年

  今天是除夕夜，明天就是一年一度的春节了，这次我们迎接的是虎年，也是我的本命年。在我人生的字典里有一个动物，它扮演着非常重要的角色，那就是大老虎。与往年不同的是，这次春节我没有在北京和亲爱的爷爷奶奶一起，而是在三亚和姥姥姥爷以及金大豆一起过年。我现在的心情是无比激动的，因为我可以在热情而又温暖的三亚体验迎接新一年的感觉。金牛已经过去，祝大家虎年大吉。

  今天是除夕夜，我的心情无比激动，因为这一天家家户户都会欢聚一堂，吃年夜饭，而且晚上还会打开电视看一年一度的春节联欢晚会。据说这次我最喜欢的明星，也就是葛优和杨颖都会出现。往年，我们的除夕夜以及春节，都是在北京国瑞城的家里和爷爷奶奶欢聚一堂、看着美好的春晚、吃着美味的年夜饭度过的。而此刻，我在三亚，感觉比在北京还要好。对，三亚是一个好地方，我们家的许多亲朋好友在这里，而且我还可以有足够大的活动空间。

  这次三亚过大年对于我来说真的是意义非凡，因为今年我没有能够与亲爱的奶奶爷爷一起过年，反而和在三亚的姥姥姥爷、豆豆以及更多的家人过年。除夕下午，我们预约了3点至5点的年夜饭，我和爸爸商量今天不用写作业，而是练习并演奏一首新的吉他曲子。到了下午，我的演出正式开始，我和临时合唱团的几位成员一起完成了多首曲子。我们一起看春晚，一家人其乐融融，有四个人在打麻将，几个人在喝酒，我和豆豆看着春晚。在我看来，这次在三亚过大年，最大的亮点就是四面八方的亲人都来到了三亚，这么多人在一起我非常开心，还可以和金豆豆一起玩，我作为一只小老虎，运气还特别好，吃到了饺子里象征着好运的大花生。明天就是大年初一了，在三亚，我要祝我的家人和朋友春节快乐，硕果累累。

新的一年，新的开始，加油！

2022年2月8日

给三亚亲人的一封信

三亚的亲人们：

你们好！现在的我正坐在机场的候机室里，享受着VIP待遇，有吃有喝，但是一想起姥姥和我一起在泳池里扑腾，早上和金大豆一起去海边玩沙子、捡贝壳的画面，我的泪水就不可控制地一直在眼睛里打转。在三亚度假的这16天，一下子就过完了。来三亚，我并不是像大家一样在这里打卡、去那里看地标，而是来看我亲爱的姥姥姥爷，和可爱的小表妹金大豆一起玩。在这里，我衷心地向来到三亚之后每一位陪伴我的人表示感谢！

这次来到三亚，我过得很充实，不仅仅是因为我玩得特别开心。更重要的是，我体会到了大家庭浓浓的亲情。刚刚来到三亚的那个晚上，姥爷中午喝了很多酒，但是晚上还为我们做了饭，自己看着我们吃。半夜三更姥爷发高烧、打寒颤，姥姥日日夜夜守护着他；舅姥爷疯狂地在医院找关系；为了让我们和姥姥可以多待一会儿，"清水湾办事处"主任珠姥爷主动上阵；医生说这种血液病症致死率极高，但幸运的是姥爷在家人的关心下终于挺过来了。这几天蒋姥姥和刘晓姥爷一直陪着我们，让我们有了一丝丝慰藉，接下来几天金大豆来了，陪我一起玩儿；太姥爷还请客吃饭……亲情是多么可贵啊！

　　这封信我还想写给我在三亚认识的一个好朋友——马光宇。虽然不知道他现在是不是还在三亚，但是我承认他是我这次在三亚认识的最好朋友。我们是在球场认识的，他14岁，我12岁，他住在宁夏，来三亚住在回辉村。第一次见面，我们就很喜欢对方，因为皮肤都挺黑，这一点很像，这几天我们一起打篮球、游泳，真的是太开心了。这次来三亚，其实我有一个很大的遗憾，那就是当我第二天想找他要联系方式的时候，他却没有来，就这样我们没有留下任何联系方式，也许一辈子都可能再也遇不到了。

　　下次，也就是明年，如果我还有机会到三亚，希望把作业完成地快一些，这样就可以有更多的时间和金大豆玩，可以更好地享受阳光、沙滩了！

　　祝我的大家庭和和睦睦，老一辈人身体健康和美。

皮皮

2022年2月9日

三亚之旅

今天是2月9日,美好的寒假还有12天就结束了,现在我想来总结一下我和爸爸前一段的三亚之旅。这短暂而又充实的16天,给我留下了很多美好的回忆。这16天,我坚持运动,写了作业,和姥姥姥爷还有金大豆一起玩,也去了一些景点。我认为这次三亚之旅是充实而快乐的,并且也为2022年的寒假画上了一个完美句号。

我可以来到美丽的三亚,确实是一件非常不容易的事情。现在新冠病毒横行,首都北京时不时会有新增病例,何况我还路过丰台区。直到有一天我的北京健康码恢复了,于是爸爸当时就买了机票带我来到了三亚。这是多么神奇的一段经历。

海南是一个沿海城市。吃的主要是以椰子和海鲜为主的东西,来三亚的这16天之中,80%会在外面吃饭,20%在家里做。在我个人看来,最好吃的东西就是美味的椰子饭。我非常喜欢吃椰子,里面甜甜的汁水很好喝,我还喜欢吃椰子里的椰肉,QQ弹弹,比果冻还好吃万分。在海南,椰子壳与饭的结合就构成椰子饭,好吃而且健康。每天把该干的事情干完之后,时间就由我自己支配,沙滩和大海是我最向往的。要说我去了几个景点,其实我只去了清水湾的南山猴岛,打卡了一大堆猴子。我认为好不容易来三亚,为什么不多和家里人在一起呢?

三亚之旅是开心的,可以和姥姥姥爷以及金大豆见面、一起玩儿,而且每天写完作业,时间就由我来支配:在游泳池里展现自我;在篮球场上投进21个三分球,这都是令我非常开心的事情。而且在回北京的前两天,豆豆也和我一起玩水,开心。阳光、沙滩和大海是北京没有的,我不喜欢北京的气候。

  这次三亚之旅,占据了寒假的一半,也为我的寒假画上了一个完美的句号。但是我的表现实在不好,早上起床本应该按时去跑步,我却想尽一切办法逃避,欠了一屁股债,而且作业完成的速度极慢,效率也极低,游泳也是一样……这不已经回到北京,爸爸说要好好调教我一通。我太难了。